Pali

Una historia de empeño

Pali

Una historia de empeño

José de la Rosa Lam N.

9 Signos Grupo Editorial, 2014

José de la Rosa Lam N.
Pali, una historia de empeño / José de la Rosa Lam N. –
Panamá : 9 Signos
Grupo Editorial, 2014.
222p. ; 21 cm.
ISBN 978-9962-660-28-6
1. LITERATURA PANAMEÑA – NOVELA
2. NOVELA PANAMEÑOS I. Título.

Pali, una historia de empeño
© José de la Rosa Lam N.
© 9 Signos Grupo Editorial
llescure@9signos.net

ISBN 978-9962-660-28-6

Portada
José Ángel Cornejo
cornejo.joseangel@gmail.com

Diseño Gráfico y Diagramación
Ruby Wong
rubywongdiseno@gmail.com

Editores
Ariel Barría Alvarado
Elizabeth Garrido

DEDICATORIA

Algunas veces realizamos proyectos encaminados a percibir alguna compensación económica; otras veces esos proyectos, van encaminados más que al logro económico, a la necesidad que sentimos algunos, de servir de alguna manera a nuestro prójimo.

Esta es la situación que nos mueve a la realización este esfuerzo, en la medida que sirva para que solo una persona se estimule y tenga motivos suficientes para cambiar positivamente su vida, el servidor se sentirá satisfecho.

Esta pequeña contribución a todo el que lea estas páginas, fue realizada no con el ánimo de criticar a nadie, sino con el objetivo único dar a conocer situaciones de índole cotidiano, que a una gran parte les ha tocado enfrentar pero, que pocos se atreven plasmar para beneficio de otros, sobre todo jóvenes.

El esfuerzo va dirigido y lo dedico a hombres y mujeres que de manera anónima, han realizados grandes sacrificios y enfrentado retos en su vida; retos que por lo general no son conocidos, pero, que sin duda tienen una importancia incalculable como experiencia, para sacar provecho y aprender de ellas lecciones de vida.

AGRADECIMIENTO

Pensar en todas y cada una de las personas que directa o indirectamente han contribuido a la realización de este esfuerzo, o ponerlas en una lista, es imposible.

Aun así, creo necesario tratar de hacer justicia y nombrar a algunas personas por lo agradecido que estoy de cada una de ellas. En primer lugar, a mi esposa Anayansi Návalo, por su tolerancia en el sacrificio que algunas veces hago del tiempo que debo pasar con ella y que invertí en este esfuerzo.

A mis hijos: Ariel, José, Luis Carlos, María De Los Ángeles, porque siempre me inspiran a realizar cosas nuevas y que creo buenas y esta vez no fue la excepción.

A todos y a cada uno de los que participaron en la corrección y revisión de este esfuerzo, con especial mención al señor Luis Eduardo Henao.

Y a Dios, por haberme permitido realizar uno más de mis propósitos entendiendo que para mí en lo personal ya es un logro.

CUENTA TU HISTORIA. Sí, cuenta tu historia. Da tu ejemplo. Di a todos que es posible y otras personas sentirán entonces el valor para afrontar sus propias montañas.

PAULO COELHO.

ÍNDICE

CAPÍTULO I

El empeño, fuerza de la esperanza

Esta historia es la vida y complicaciones de un niño perteneciente a una humilde familia, en un pueblo denominado Carabaluca, poblado tranquilo, la vida de cuyos pobladores es rutinaria. Este niño era parte de una familia formada por ocho miembros. El padre era Justo Desgracia; hombre demasiado alegre, con nada de responsabilidad, apegado a vicios extravagantes que iban desde consumir licor hasta emplear algunas drogas con inclinación preferencial hacia la marihuana. Agustina Dolores era la madre; una extraordinaria y excelente mujer, madre abnegada y ejemplar, con una capacidad de trabajo increíble, quien por sus hijos era capaz de todo, aun cuando ello significase el pago más alto: su vida. El único, pero grave error de Agustina, fue haber sido la concubina de Justo Desgracia.

Los hijos que conformaban a la familia Desgracia-Dolores eran, en orden descendente, Juancho, Melanio, Artemisa, Fausto, Zafiro y Pali. De este último es precisamente de quien queremos contar su historia, por tratarse de un personaje, si no especial, por lo menos fuera de lo común.

Decimos esto por sus múltiples luchas y su capacidad para enfrentar cada uno de los obstáculos hasta lograr convertir varias luchas perdidas en situaciones favorables. Así las cosas, procedamos a narrar la complicada pero interesante historia.

Érase una vez un niño, miembro de la familia Desgracia-Dolores (a la que llamaremos a veces familia DD) del pueblo de Carabaluca, pueblo caracterizado por el comportamiento rutinario de la mayoría de sus habitantes pero alegre, alegría que en alguna forma alcanzaba a la familia Desgracia-Dolores.

Este niño presentaba características muy peculiares, se trataba de un símbolo de la desnutrición, muy pequeño de estatura y de una contextura, digna de ser tomada para dar clases de ciencia anatómica en cualquier centro educativo, puesto que permitía contemplar con facilidad cada uno de los huesos del cuerpo humano, en especial los huesos de la cabeza.

Sin embargo, espiritualmente era un niño con un corazón muy grande y una entereza de carácter nada fácil de encontrar, amén de que era dueño de una gran inteligencia, esta última la mostraba en sus actos. Pali poseía también un carácter jovial y en cada oportunidad, por difícil que fuera, él mostraba señales de su inusual inteligencia.

Comenzando su vida, en la condición de pobreza extrema en que vivía junto al resto de la familia Desgracia-Dolores, donde muchas veces no tenían ni qué comer, él podía parecer un niño normal en los otros aspectos: le gustaba jugar, correr, alternar con otros niños, y sentirse querido, sin importar el problema significativo del aspecto físico producto de la desnutrición. De tal modo, el niño pasaba gran parte de su tiempo jugando a orillas del río Lagarto, ícono del pueblo de Carabaluca, algo que disfrutaba mucho, y al que algunas veces iba en compañía de sus hermanos, y en otras de vecinos y amigos.

Como cualquier niño normal, él también ocupaba su tiempo jugando canicas, actividad que solo podía hacer cuando era invitado por un amigo o lograba encontrarse una u otra canica perdida en los patios. Él se daba cuenta del extravío de una de estas, y se dedicaba buscarla como quien busca un tesoro, y sí que esos cristales lo eran para él.

Las cosas empeoraron un mal día; la madre de Pali, la señora Agustina, enfermó gravemente, al punto que hubo que internarla en un hospital lejos del pueblo. Cuando eso ocurrió, el padre de Pali, Justo, se dedicaba a sus vicios preferidos: la bebida y al consumo de la marimba (marihuana), lo que venía haciendo cada vez con mayor frecuencia: Esto trajo como resultado que el pequeño sueldo que ganaba en la fábrica aceitera en el pueblo de Caica, no llegara a casa y, por ello, la condición de la familia Desgracia-Dolores iba desmejorando, al grado que los miembros de la familia se veían obligados a pasar todo el día sin probar bocado.

A pesar de ello, la familia no se daba por vencida. Fueron precisamente los hermanos mayores los que hicieron frente a la terrible situación, en especial Juancho y Fausto. Comenzaron entrando por las noches a hurtar arroz en las rozas o sembradíos de los vecinos, y de ahí pasaron a llevarse yucas, guineos, plátanos y todo lo que sirviera para mitigar el hambre en la casa.

Pero, igualmente, la familia hacia frente a otro problema: ¿Con qué carne acompañaban esas verduras? Ahí era entonces donde Pali, a su corta edad, daba muestras de inteligencia y gran destreza; tomaba un pequeño machete, al que llamaba *macoco* o *soco*, e invitaba a sus hermanos mayores para ir en busca de cangrejos que, de manera muy diestra, ubicaban debajo de los pisos de ciertas casas, en los más bajos, que era donde abundaban y, precisamente, donde solo podía entrar el diminuto y desnutrido cuerpo de Pali para hacerse de unos diez o doce animalitos.

Con cangrejos resolvían el problema de la carne, algunas veces; en otras ocasiones la invitación era para pescar jaibas, una especie de cangrejos de agua dulce.

Con el tiempo, los hermanos mayores ya no solo hurtaban por las noches, lo hacían cada vez que hubiese necesidad de mitigar el hambre. En ocasiones, los miembros de la familia Desgracia-Dolores, de Carabaluca, tenían deseos de pedir, pero recordaban que su madre Agustina les decía con tanto énfasis que los trapos sucios se lavan en casa, y que jamás se atrevieran a pedir nada a nadie, incluyendo a sus propios tíos y demás parientes, por lo que se abstenían de hacerlo.

La desgracia de nuevo hizo presa de la familia Desgracia-Dolores, y esta vez de manera inmisericorde, cuando llegó la noticia de que la señora Agustina había librado su última batalla, y se marchaba a ese lugar donde nadie podría ya acompañarla.

CAPÍTULO 2

Muerte de la señora Agustina Dolores Desgracia

La familia estaba consternada, menos Justo Desgracia, el padre, quien más bien parecía disfrutar del hecho de que su concubina estuviese muerta, porque ahora sí podría hacer vida pública con su amada de siempre, una señora del pueblo llamada Monogonia.

Durante los funerales, familiares y allegados parecían dispuestos a colaborar al ciento por cierto con el resto de la familia; hasta se podía pensar que tomaron conciencia de la situación alarmante en que se encontraban los muchachos, a los que ahora, si bien se hallaban muy tristes, no les faltó comida, compañía y afecto de parte del resto de sus parientes y familiares.

Sin embargo, llegado el momento de proceder con el traslado de los restos mortales, todos los ofrecimientos de ayuda manifestados con anterioridad y en medio de la desgracia se transformaron en evasivas y falsas promesas. Nadie, en realidad, ofreció dinero o medios para el traslado de los restos de la difunta, fue por ello que la familia se vio una vez más envuelta en la borrasca que para ellos representaba el destino y, pese a los múltiples esfuerzos, no lograban acumular los diez balboas que cobraba el conductor y propietario del camión que trasladaría los restos, desde el hospital de la ciudad de Colón al pueblo.

Para esa fecha, Pali contaba con escasos cinco años de edad, pero también realizaba todo tipo de esfuerzos para la consecución de tan inmensa suma de dinero. Fue entonces cuando Juancho, Fausto y los demás hermanos decidieron ir a conversar para llegar a un acuerdo económico con el señor Neito, propietario del único camión, o "truck", que podría trasladar los restos al pueblo.

Juancho inició conversaciones con el señor Neito, haciéndole saber que, a pesar de todos los esfuerzos, la familia solo contaban con ocho balboas, y que no tenían forma de lograr más dinero, en tanto que el señor Justino Desgracia ya se encontraba celebrando su soltería en brazos de su amada Monogonia.

El señor Neito, al darse cuenta de, que, en efecto, los muchachos le decían la verdad, se conmovió ante las lágrimas de desesperación en sus ojos y las muestras de tristeza en sus rostros, y decidió hacer el traslado de los restos hacia el poblado sin costos adicionales para la familia, notificándoles que no se trataba siquiera de un préstamo, sino de un regalo, el que recibió la familia con mucho agrado.

Ya con el cadáver de la difunta Agustina en capilla ardiente en la casa de madera casi podrida de la familia Desgracia-Dolores, tocaba entonces conseguir un ataúd, que permitiera a los hermanos hacer frente al entierro de una manera por lo menos decente, pues a raíz de los otros gastos del traslado estaban de nuevo en la indigencia habitual.

El nuevo problema se resolvió cuando el carpintero del pueblo, Kakaca, se ofreció a realizar el trabajo de construir el ataúd, pero les hizo saber que no contaba con madera alguna, y que ello era responsabilidad de la familia. Otros nubarrones volvieron a cernirse sobre la familia, y una vez más Dios metió su mano: una señora de nombre Marla Bullanga fue el ángel que solucionó el problema, poniendo en manos del carpintero la madera y todo el material necesario para la confección del ataúd.

Llegó el día del entierro

Parecía como si todo el pueblo se hallase reunido en los alrededores de la pequeña casita, la familia se había granjeado el aprecio de la comunidad. Todos los hermanos, se acercaron al ataúd y se dispuso la partida hacia el cementerio, campo santo ubicado en el pueblo contiguo, Lagarto, del que solo los separaba un largo puente de madera y luego una marcha a paso lento a través de un trayecto de unos dos kilómetros o diez minutos de marcha.

Una vez en el campo santo, todos los hermanos fueron medidos con cintas de color rojo, las que de manera individual fueron incluidas en el féretro, según las creencias de los habitantes de Carabaluca, quienes eran creyentes de que con ese hecho se evitaría cualquier molestia de la difunta para con sus pequeños hijos, una vez enterrada.

Los muchachos no se contenían en un permanente llanto, pues se trataba de su tesoro más preciado: su madre, quien libró tantas batallas en nombre de ellos, y que ahora yacía inerte para siempre.

Tumba esta que ponía fin a una mujer que era todo valor y valentía, frente a un destino adverso que no le daba tregua, que la agobiaba con múltiples males y síntomas de enfermedades permanentes que hasta hoy, quien narra la historia, se aflige al recordarlo, y se siente impotente ante tal hecho vivido en el pasado.

El único doliente que jamás mostró rasgo alguno de dolor fue Justo Desgracia, en quien era visible un rostro de pasmosa tranquilidad y hasta de gran satisfacción. Así las cosas, bajo los rigores de una tenaz lluvia se realizaron las honras fúnebres.

Realizadas las exequias, tocaba ahora celebrar las nueve noches de velorio, hecho que para los habitantes de Carabaluca significaba algo relevante y de mucha importancia, con el fin de garantizar el descanso eterno de los difuntos.

Durante las nueve noches, todo transcurrió con mucha tranquilidad, aunque en los menores hijos de la difunta se reflejaba una tristeza profunda. Agotada las fechas, llegó igualmente la necesidad de cumplir con las diferentes promesas de parte de los parientes y amigos de la familia, promesas que eran principio y fin de toda esperanza entre los hermanos. Pero cuál sería la sorpresa, eso significaba que los Desgracia-Dolores serían separados y repartidos como quien reparte paquetes. De allí que se agudizaran las tristezas y sinsabores de toda la familia, porque hasta el presente entre los hermanos no medió separación alguna.

CAPÍTULO 3

Consecuencias de la separación de los Desgracia-Dolores

Los hermanos fueron repartidos de la manera siguiente: Juancho, el mayor, fue entregado a la tía Tomasa, señora respetada por la comunidad y a quien se le tildaba como poseedora de capacidad extrasensorial, así como algunos otros conocimientos especiales en el terreno de la brujería; Melanio fue entregado, al igual que Fausto, a la tía Cutacho, señora temida por todos los miembros de la familia, no solo por sus extraños comportamientos sino también por la fama de su fuerte e incorregible carácter, por lo que se decidió entregarle dos miembros de la familia; Artemisa, la única niña, de una actitud angelical y graciosa, fue entregada a la tía Fula, quien la pidió, pues mucho antes de la muerte de Agustina la niña ya tenía afinidad con la tía Fula y cada una de las numerosas hijas de esta última; mientras que Zafiro, el más pequeño, fue entregado a su señor padre, Justo Desgracia, si bien este no parecía interesado en comportarse como un típico padre.

Como se puede apreciar, en el reparto que se narra no se menciona para nada a Pali, personaje al que nos queremos referir en el desarrollo de la historia de la familia Desgracia-Dolores; pues como lo oyen, este último fue entregado en contra de su voluntad al tío Sebo, un personaje a quien todo el pueblo señalaba por ser muy severo, recto y enamorado de la responsabilidad. Algo que también parecía haberse marcado desde muy chico en Pali.

Pese a todo, la familia se impuso y Pali se vio obligado a trasladarse a la casa del tío Sebo de manera irremediable, donde permaneció llorando y gimiendo por casi tres días. Luego, con la determinación que siempre lo caracterizó, tomó una decisión: no viviría por más tiempo con el tío Sebo, sin importarle las consecuencias.

Pali abandona la casa del tío Sebo

A pesar de su edad, Pali tenía una determinación poco conocida en menores y menos entre los de su edad; una vez adoptaba una decisión, no importaba cuál fuera, no había razón humana que lo hiciera dar marcha, Así que cuando tomó la determinación de no seguir viviendo en la casa del tío Sebo, junto a la familia de este, no tenía por qué ser la excepción.

Es de este modo como emprende su insólita aventura, al meter en una pequeña cajeta toda la ropa que poseía: un par de chancletas totalmente desteñidas; dos pantalones cortos no menos desteñidos por tanto uso; tres franelas blancas sin mangas, que ya no eran tan blancas, sino transparentes y deshiladas; y ustedes se preguntarán y ¿dónde estaba la ropa interior? Muy sencillo, brillaba por su ausencia, puesto que en aquellos tiempos no tenían con qué comer y menos se iban a preocupar por obtener ropa interior incluyendo calcetines, porque se trataba de un lujo que no podrían darse.

Con este arsenal de haberes, el niño de cinco años decidió dejar el hogar del tío Sebo y una noche se escapó y fue a parar a la estación de autobuses del pueblo (lugar donde los lugareños tomaban el camión para salir de ahí). Una vez en la estación, y sin contar con ideas claras sobre dónde ir, se sentó con la mirada perdida, pero con un pensamiento claro: a casa del tío solo regresaba muerto.

Allí estuvo por espacio de dos a tres horas, hasta que llegó una jovencita bien parecida, contextura frágil y de unos catorce años de edad, hija del señor Julio Negro, hombre humilde pero muy trabajador, de una reputación intachable, a quien ya Pali conocía y hasta congeniaban muy bien; también conocía a la niña, llamada Simona, al grado de que su presencia lo llenó de seguridad y le hizo sentir que gran parte de sus problemas estaban resueltos.

Simona le preguntó a Pali qué hacía en ese lugar tan solo y a esas horas, y él le contestó que no tenía dónde ir y le explicó las razones de su fuga. Ella también poseía una determinación parecida a la de Pali, y todo lo veía de manera fácil y simple, por lo que no dudó al responderle a Pali que desde ese día viviría en su casa con su familia.

A raíz de aquella decisión asumida por Simona de manera inconsulta, los dos menores emprendieron camino hacia la casa de la familia Negro. La niña decía estar segura de que su padre, Julio Negro, no se opondría a su decisión repentina. No obstante, una vez en casa, la menor de la familia se vio en la necesidad de enfrentar a sus padres y comunicarles la sencilla y difícil decisión tomada acerca de asumir la guarda, crianza y educación de Pali, un niño del que poco saben, aparte de que tiene una familia que de seguro lo estaría buscando, y con la agravante de que una vez ubicado tendrían que enfrentar el caprichoso carácter del tío Sebo, quien sin duda vería en tal comportamiento un desafío.

Enfrentando al tío Julio Negro

Hemos de empezar diciendo que hablar del tío Negro es referirse a una persona extremadamente diferente al tío Sebo, estamos hablando de alguien que, sin ser oriundo de Carabaluca, mantenía una reputación intachable, no solo por su don de gentes y sus buenos modales sino porque practicaba lo que predicaba. Él no creía para nada en la prédica sin práctica, y como si fuera poco tampoco comulgaba con nada que a su juicio se alejara de lo justo, de lo equitativo, y en el plano espiritual era un fiel y ferviente creyente en Dios.

Fornido, de tez morena, bien parecido; su cuerpo mostraba con claridad la clase de trabajo que realizaba, labores del campo y de la pesca. En el tiempo del arroz, que comprendía de mayo a agosto, realizaba lo necesario para producir el grano; al terminar el tiempo del arroz se dedicaba a la siembra de frijoles, que corría de septiembre a octubre, y simultáneamente aprovechaba el mismo espacio para la siembra de las verduras, casi siempre tubérculos: yuca, ñame, otoe, ñampí y también plátano y el infaltable guineo; en los meses en los que no podía por razones del clima dedicarse a la siembra, se dedicaba a la realización de hornos para la producción del carbón de leña utilizado para cocinar.

En el plano intelectual, cualquiera podría inferir que Julio Negro era un hombre poco preparado, por su aspecto físico y por el tipo de labores que utilizaba para ganarse la vida; nada más equivocado. A pesar de contar apenas con el certificado de sexto grado en su pueblo natal de María Chiquita, él laboró por algunos años como maestro de enseñanza primaria, precisamente como consecuencia de la sólida preparación lograda de forma autodidacta gracias a su permanente lectura de libros de diferentes materias y tópicos.

A la madre de Simona, Rosa Ortega, se le conocía además por el apodo de "La Nena", una mujer formidable, a pesar de que no sabía ni leer ni escribir, pero que poseía un sentido común poco usual y de una gran capacidad de amar. Rosa se encontraba en compañía de Julio, cuando llegaron los niños. El hombre se limitaba a observar, mientras la señora formulaba interrogantes a la menor: "¿Este no es el hijo de la difunta Agustina? ¿Cómo es que a estas horas anda en la calle solo? Y tú, ¿qué haces con el hijo ajeno? ¿Este no es el que fue entregado al tío Sebo? ¿Me quieres buscar un problema con ese señor tan difícil?".

Eran tantas las interrogantes que Simona y Pali lucían desconcertados, hasta que el tío Julio, con su inteligencia y moderación de siempre, señaló: "Tranquila mujer, vas a llenar de nervios a los muchachos, con tantas preguntas. A ver Simona, hija, ¿qué haces con este niño a esta hora?".

Simona contestó de manera inmediata: "Él se quedará a vivir con nosotros; no quiere volver a casa del tío Sebo por nada del mundo".

Julio, luego de pensarlo un poco, le dijo: "Hija, esto no lo podemos decidir a la ligera, en consecuencia sugiero que vayan a dormir y mañana hablaremos al respecto. Estoy seguro de que encontraremos una solución racional, saludable y conveniente para todos."

Sin embargo, antes de que Pali fuera a la cama, Julio se quedó a solas con él, y le expresó: "A ver, Pali, te conozco bien, te he visto jugar y conversar con mi hija; respóndeme: ¿por qué no quieres quedarte en casa de tu tío Sebo? Allí fue donde tus familiares decidieron dejarte".

Pali no dudó en contestar: "Porque no quiero vivir con el tío Sebo, ni en su casa, prefiero vivir en la calle". "Pero en la calle nadie puede vivir", explica el tío Julio. "Créame, prefiero quedarme en la calle que volver a esa casa", afirmó el niño. "No hay problemas, ve a acostarte y mañana ya veremos", le aseguró el hombre.

La Solución del tío Julio Negro a un complicado problema

Temprano al día siguiente, Pali se levantó. Tiene plena conciencia, a pesar de sus cinco años, de que su presente y su futuro dependen de la decisión que adopte el tío Julio Negro, como consecuencia de la decisión de Simona de traerlo a esa casa, sin que previamente mediara una autorización de sus mayores; sin embargo, él mantenía una firme confianza en Dios de que todo saldría bien, pues siempre tuvo en mente, que sus familiares de manera voluntaria le hubieran permitido quedarse con la menor de la familia Negro, porque ambos mantenían una excelente relación.

Para su sorpresa pese a haberse levantado muy, pero muy temprano, ya el tío Julio no se encontraba en casa. Fue la señora Rosa quien le hizo saber que él había ido a conversar con el tío Sebo. Esta no era de por sí una buena noticia para Pali, y un sinnúmero de interrogantes llegaban a su mente: ¿Sería que el tío Julio fue donde el tío Sebo para devolverlo?; ¿Iría a pedirle autorización para que se quedara en su casa? ¿Será que piensa que es una responsabilidad muy grande la de quedarse con la responsabilidad de atender a un menor? En medio de todos estos cuestionamientos, temores y dudas, decidió esperar, total fuera cual fuera el resultado, si era el de volver a casa del tío Sebo, volvería a escapar, porque esa decisión suya era definitiva.

Se sentó luego en una de las dos puertas que tenía la vivienda. Se trataba de una casa de madera rústica, que contaba con una sala bastante amplia que, a su vez, servía como área de comedor; también contaba con dos cuartos, uno grande con tres camas anchas donde podían dormir con suma comodidad hasta tres personas por cada una, y la habitación o recámara principal donde dormían el tío Julio y su esposa. También contaba la casa con un área adicional, en su parte derecha viendo la casa desde el frente, destinada al fogón de leña; allí se llevaban a cabo las labores de cocina y en ese mismo sitio, detrás de una tabla, eran acomodados y guardados todos los machetes y herramientas utilizados en las labores del campo.

La casa descansaba sobre horcones de madera, sobre los cuales reposaban tramos largos de varias dimensiones: de ocho pulgadas de ancho por cuatro de espesor, piezas de cuatro pulgadas de ancho por cuatro de espesor, además de algunas de seis pulgadas de ancho por dos de espesor, haciendo una especie de cama que soportaba toda la estructura de la casa y su contenido.

Entre el suelo y el piso de la casa estaba lo que podríamos llamar un "bajo piso" o "entre piso" de uno y medio a dos metros de altura. De las dos puertas con que contaba la casa, una tenía una escalera, por lo que podría asumirse que era la puerta principal, la de entrada; la casa contaba con una tercera puerta en su lado posterior, que daba entrada directa a la recámara principal, en consecuencia solo tenían acceso a ella el tío Julio y la señora Rosa. La otra puerta frontal de la casa carecía de escalera, fue allí donde precisamente se sentó Pali, a esperar al tío Julio y el desenlace.

Pasadas unas dos horas, Pali se encontraba al borde de la desesperación, pues ninguna de sus muchas interrogantes tenía respuestas. Fue cuando vio acercarse muy lentamente al tío Julio, lo más seguro es que este se acercaba de manera normal, pero a Pali le parecía que cada paso dado tardaba una eternidad. Así y todo, el tío Julio llegó. Tranquilo, y con el aplomo que lo caracterizó siempre, le dijo: "Necesitamos tener una conversación de hombres".

Se sostiene una conversación entre hombres

Una vez con el tío Julio al frente, Pali sentía morirse de agonía, y no era para menos, de aquella conversación no solo dependía que todo el esfuerzo realizado para salir de un vez por todas de la casa del tío Sebo no fuera en vano, sino que estaba en juego su futuro. Pali estaba consciente de que no era un hombre en el sentido estricto de la palabra, por lo que no era tan simple aceptar que se trataba de una conversación "entre hombres; en realidad se trataba de una conversación entre un hombre y un niño. Pero no se atrevió a pronunciar palabra, esperando que el tío Julio, manifestara de una vez por todas, cuál sería su presente y su futuro.

El tío Julio, después de pensar un rato, le dijo: "Vengo de casa de tu tío Sebo, debes saber que piensa que dejar que te quedes en mi casa es una mala señal para ti, puesto que es tanto como dejarte ver que puedes decidir cuándo y para dónde quieres ir, y eso no es correcto. Los menores no solo deben respeto a los mayores, sino que además tienen que hacer lo que ellos dicen".

En ese momento Pali sintió como que le daban una puñalada y que debía correr sin detenerse hasta que sus fuerzas se agotaran. Con todo lo que estaba diciendo el tío Julio, era evidente que tendría que volver a casa del tío Sebo. Mientras él estaba ensimismado en aquellos fatales y confusos sentimientos, el tío Julio continuó diciendo:

"Sin embargo, yo no pienso igual, no creo tampoco que la manera como haz abandonado la casa de tu tío Sebo sea la más adecuada, tú tienes que comprender que el mundo no es lo que uno quiere, y que en la vida no siempre ocurre lo que uno desea. El mundo como mundo impone condiciones; situaciones y reglas, y a nosotros los hombres, ya sea que vivamos en familia o en comunidades nos toca adecuarnos a ellas de la mejor manera. Por eso es importante, entre otras cosas, que te quede en claro que la verdadera inteligencia y capacidad del hombre no se mide en un aula de clases, ni por las calificaciones que logre en ellas, sino por su capacidad de adaptarse a las diferentes situaciones que se le presentan. Haz de saber que no debiste salir de la casa del tío Sebo, sin primero haberle hecho saber de frente que no querías continuar en su casa y darle las razones del porqué, a mí no tienes necesidad de hacérmelas conocer, pero pienso y te pongo como primera condición para seguir quedándote en mi casa, que vayas donde tu tío Sebo y te disculpes con él, no por haberte ido de la casa, sino por haberlo hecho en la forma en que lo hiciste".

Y mirándolo directo a los ojos, prosiguió: "Haz de saber que he convencido a tu tío Sebo de que, dadas esas disculpas te deje quedar con nosotros por un tiempo, hasta que podamos pensar mejor. Puedo entender tu confusión y tu desánimo, pues acabas de perder, no solo a tu madre Agustina, sino también a tu familia, al resto de tus hermanos de quienes nunca te separaste antes. Además, deberás cumplir una segunda condición, y es que en esta casa nunca se aceptan mentiras. Podemos aceptar que la gente se equivoque y cometa errores, pero jamás utilizarás la mentira como una forma de actuar en la vida. Una tercera condición es que tendrás que asistir a la escuela, y esta no es una condición negociable, tienes hasta mañana para pensar si aceptas y puedes cumplir con cada una de las condiciones impuestas para permanecer en mi casa. Espero que mañana me hagas saber eso".

Terminada la conversación más extraña que a su edad había sostenido Pali, quedó muy confuso, pues se entiende que una conversación se da entre dos personas, y las dos personas han de participar; pero en esta conversación él fue un mero oyente y no pudo articular palabra, porque no tuvo ninguna oportunidad, A pesar de eso, algunas frases calaron muy profundo en él, y seguían grabadas en su memoria, en particular: "la inteligencia y capacidad del hombre radica en su capacidad de adaptarse a las situaciones que nos presenta el mundo"; "cuando actuamos de una manera incorrecta se impone pedir disculpas", y la lección más difícil de todas, "no debemos nunca mentir". En el fondo, esta no era la más difícil, sino la de enfrentar al tío Sebo, después de haberse fugado de su casa. No se trataba de algo que Pali pudiera digerir con facilidad, pero debía hacerlo, tratándose de una condición que debía cumplir para quedarse en casa del tío Julio, donde solo había dormido una noche, pero era la mejor después de la muerte de su madre. También le fascinaba la idea de quedarse a vivir un tiempo con Simona; después de todo para qué martirizarse si tenía hasta mañana para decidir qué hacer, si enfrentar al tío Sebo para pedirle disculpas y quedarse en casa del tío Julio, o volver a emprender una nueva fuga.

Pali toma una decisión importante para el presente y el futuro

A la mañana siguiente, Pali se levantó muy temprano. Pensaba tener otra larga y placentera noche de sueño, pero nada parecía funcionar y, a pesar de todos los esfuerzos realizados, no pudo conciliar el sueño. En su corta edad, comprendía la altura de la situación y entendía con claridad el tipo de decisión que debía asumir y que tenía en frente; no solo se trataba de vivir o no en la casa del tío Sebo o en casa del tío Julio, sino que, además, esa decisión significaría, de ser equivocada, quedar nuevamente sumido en un sentimiento de confusión y de absoluto abandono, como el que le tocó experimentar durante el tiempo que estuvo en la estación del pueblo. Además, ahora sabía que el tío Julio, no era todo lo fácil de entender que pensaba, pues lo invitó a una "conversación de hombres" en la cual no solo no pudo participar hablando activamente, sino que tampoco entendió mucho de lo que le dijeron, y como si fuera poco, lo que sí entendió aún no lograba sacarlo de su cabeza, sobre todo eso de andar por el mundo sin decir siquiera una pequeña o blanca mentira.

Si bien el panorama no era claro, pudo más el temor de enfrentar el sentimiento de abandono y absoluta soledad experimentado por primera vez el día anterior, y decidió partir a casa del tío Sebo para pedirle que lo disculpara por haberse ido de su casa de la manera en que lo hizo, teniendo claro que no estaba arrepentido de haber logrado salir de aquella casa en la cual se sentía asfixiado, se sentía que moriría.

Camino a casa del tío Sebo, dedicaba pensamientos al recuerdo de su madre y al hecho de haberla perdido. Nunca sintió en su fuero interno ni el más mínimo sentimiento de reproche hacia Dios, pues su madre le inculcó que los seres humanos, no importa bajo qué circunstancias estuvieran atravesando, ni en el lugar en que se encontraran, siempre agradecerían a Dios. Y no solo eso, junto a su madre y sus hermanos le tocó enfrentar situaciones de lo más difíciles y aun así la señora Agustina los reunía y los invitaba a orar, por lo cual en él no permanecían sentimientos de ninguna índole que fueran contrarios a la voluntad de Dios.

Ensimismado en esos pensamientos, cuando quiso reaccionar ya estaba frente a la casa del tío Sebo, vivienda no muy diferente a la del tío Julio. Era una casa de madera con varios cuartos, sostenida por horcones de madera sobre una especie de plataforma o cama de madera de piezas de diferentes tamaños y espesor que eran las que soportaban todo el peso de la casa y su contenido. Una diferencia muy visibles con relación a la casa del tío Julio radicaba en el hecho de que los horcones de esta eran mucho más largos por lo que lucía de mayor altura.

Frente a la casa se dio cuenta de que ofrecer disculpas no era nada fácil, y no se podía tomar a la ligera, y a ello le sumamos que disculparse no era una cualidad de Pali. Pero no hacerlo era privarse de pasar un tiempo con el tío Julio, y sobre todo con su amiga Simona, o en su defecto volver a volarse o, lo peor, tener que quedarse en casa del tío Sebo. Sus opciones no eran muchas, por lo que comenzó a subir por las largas escaleras.

En la puerta se encontró con la señora Ida, esposa del tío Sebo, quien con cara de pocos amigos y de reproche le preguntó: "¿Y ahora qué quieres, malagradecido?" Pali se limitó a contestar: "Solo quiero hablar con mi tío". Ella ni siquiera lo invitó a pasar; llamó al tío Sebo, quien salió vestido con un pantalón corto, de esos que van desde la cintura hasta las rodillas, bastante gastado por el uso, y una franela blanca sin mangas que también lucía desgastada, poniendo de manifiesto un sinnúmero de lavadas. Al ver a Pali de una vez amarró la cara, diciéndole:

"Eres un desconsiderado y además malagradecido; te hemos ofrecido nuestra casa sin ningún interés. Sabemos que nuestra casa no es una casa de ricos, pero tenemos todo lo necesario para llevar una vida si no cómoda, por lo menos sin pasar necesidades, y todo ello lo he puesto a tus pies, y a ti no te importa. Sepa Dios qué habrás dicho de mí al señor Julio, para que él haya sentido la necesidad de venir hasta acá a pedirme que te deje en su casa por un tiempo. Lo peor de todo es que te has ido de la casa de una manera furtiva, como lo que eres, un pichón de delincuente, porque en ello vas a parar…"

Pali hasta ese momento no articulaba palabra alguna, entonces interrumpió al hombre: "Tío, no le he dicho nada malo de usted al tío Julio, ni siquiera este me ha dejado hablar. Solo quiero que sepa que he venido a pedirle disculpas porque me he ido de su casa sin avisar y eso no es correcto, el tío Julio me lo ha dicho. Créame que lo siento mucho de verás, y también quiero agradecerle por todo lo que ha hecho por mí".

Tal actitud del niño dejó al tío Sebo desconcertado. Él no esperaba una actitud de ese tipo de parte de Pali, no solo porque era una posición madura y firme, sino porque el tío Sebo no conocía en él esa condición de dar disculpas, ignorando que era una condición impuesta por el tío Julio. Pali continuó:

"También quiero darle las gracias por permitirme quedarme un tiempo con Simona, pues usted sabe que es mi amiga desde antes de que falleciera mi madre".

Entonces, pareció que el tío Sebo bajaba la guardia y le preguntó si ya había desayunado, a lo que Pali contestó, que no, pero que no tenía hambre, y no mentía; con tanta presión no tenía motivos para sentir hambre.

La conversación se prolongó por algunos minutos, y una vez terminada, el niño se despidió del tío Sebo, no sabiendo a ciencia cierta si tomó o no la mejor decisión, ni si había hecho una decisión que cambiaría su vida por un tiempo o para siempre, de lo que estaba seguro era que por el momento se alejaba ese sentimiento de abandono y soledad que no le agradaba y que experimentara los días anteriores; y eso ya era bueno.

CAPÍTULO 4

Pali en casa del tío Julio Negro

Terminada la difícil conversación de Pali con el tío Sebo, aquella conversación en la cual se dieron las disculpas exigidas como condición por el tío Julio para poder quedarse temporalmente en su casa, Pali no sabía si en verdad enfrentó al tío Sebo y todo lo que eso implicaba por vivir en compañía de Simona, o porque quería en verdad dejar la casa de tío Sebo, persona tan difícil para convivir. Tampoco sabía si en verdad lo que temía era volver a enfrentar aquel sentimiento de abandono y de total soledad.

Lo cierto era que ahora tenía entre sus preocupaciones la de compartir el mismo espacio que el tío Julio, persona que le simpatizaba, pero a quien no entendía del todo, ni compartían el mismo concepto de "conversación".

Ya estaba de vuelta en casa del tío Julio, dejando cumplida una de las condiciones exigidas por él, tal vez la más difícil, aunque tampoco sería una tarea fácil vivir sin decir siquiera una blanca mentira.

Pali fue recibido por la señora Rosa, la que apenas lo vio, con gran ternura en su mirada le preguntó: "¿Dónde has estado?" Pali contestó: "En casa del tío Sebo, estaba dándole disculpas, el tío Julio me hizo comprender el error en que incurrí al salir de casa del tío Sebo sin habérselo informado". La señora Rosa sonrió: "Perfecto, me alegro mucho de que te hayas arreglado con tu tío, eso es una buena señal, los errores son de humanos y es de humanos especiales el aceptar haberlos cometido".

En sus adentros, Pali se dio cuenta de que la señora Rosa también decía palabras muy interesantes, y le quedó grabado lo de "los errores son de humanos y es de humanos especiales el aceptar haberlos cometido". La señora lo invitó a desayunar, y él no se negó, pues ahora sentía un gran alivio; podría quedarse por un tiempo en casa de Simona enfrentando y aprendiendo de cada conversación rara que sostuviera con el tío Julio.

Mientras desayunaba aparecieron en la mesa los demás miembros de la familia; Erne, una muchacha de mayor edad que Simona, de tez blanca y de muy buen parecido, aunque baja de estatura, fornida de cuerpo y de una voz aguda; seguido, apareció Mino, muchacho de media estatura, de tez morena, de contextura fornida y apariencia muy fuerte, pero a su vez muy amable. Después llegó a escena Nito, de tez blanca, muy parecido en lo físico a Erne, pero con una dificultad en una de sus piernas; este también le pareció a Pali, una persona amable y hasta muy graciosa. Detrás apareció Jonás, el mayor de todos los hijos, un personaje que al niño le resultó falso, como quien pretende dar la mejor impresión. Pali, como haciendo honor a los que dicen que "si no quieres equivocarte sigue los designios de tu corazón", pensó que este sería el único miembro de esa familia con el que no le iría del todo bien.

Jonás era un hombre alto. de piel negra, de un físico muy parecido al tío Julio, con una contextura fuerte y una sonrisa amplia aunque nada agradable. A diferencia de los que aparecieron antes, no miraba de frente, más bien eludía la mirada de Pali.

Pali pudo percibir que hasta el instante en que Jonás apareció en la mesa para desayunar se respiraba un ambiente de camaradería, que después se hizo cargado y tenso, y todos adoptaron una cara seria; ya no habría tema que tratar sobre la mesa durante el resto del desayuno.

Apareció el tío Julio a la mesa

Encontrándose toda la familia sentada, o casi toda la familia Negro a la hora de desayunar, Pali seguía haciendo conjeturas acerca de Jonás; de repente, se percata de que el tío Julio hace su aparición en la escena, y él vuelve a la realidad y piensa necesario poner en actividad cada uno de sus sentidos, aun cuando a su escasa edad no tiene plena conciencia de cuáles son, ni tampoco para qué sirve cada uno. De lo que sí está seguro es de que, apenas apareció el tío Julio, era necesario estar atento no solo para escuchar, sino para entender cada palabra que sale de aquel hombre inteligente, moderado en su manera de actuar y, que además, transmite una tranquilidad inigualable.

Todos los miembros de la familia saludaron al tío Julio con efusividad, pero muy formales. Así lo percibió Pali, al tratarse de una relación de padre a hijos y de hijos a padre; él saludó y siguió observando. El tío Julio, respondió a los saludos y le dio gracias a Dios, por los alimentos que iban a recibir, cada uno prosiguió entonces con el desayuno y, durante el tiempo que este duró, el tío Julio le asignó funciones a cada uno, excepto a Jonás, lo que llamó mucho la atención del niño, pero aún así guardó silencio y solo se dedicó a observar y a escuchar el desarrollo de los eventos y conversaciones que se dieron.

Se podía llegar con facilidad a la conclusión de que la mayoría de la familia era o trataba de ser feliz, excepto el tío Julio y el enigmático Jonás, entre quienes era claro advertir que no todo iba bien. Pali pudo darse cuenta también de que la familia Negro no se limitaba al grupo que habitaba la casa, sino que existían otros hermanos de la familia que no convivían en casa del tío Julio, pero eran parte integral de la familia. Era el caso de Cido, Raimundo, Hermes, Robe y Aleja, todos hijos del tío Julio, y cada uno con una historia distinta. De la misma forma, en el desayuno pudo Pali enterarse que entre los hijos de la familia Negro, Erne y Nito no eran hijos del tío Julio, sino de la señora Rosa, de su matrimonio anterior, al igual que Cido, Raimundo, Hermes, Robe y Aleja eran hijos del tío Julio, de su primer matrimonio, por lo cual la señora Rosa solo era su madrastra.

Además, Nilo y Simona sí eran hijos del matrimonio o la unión entre Julio y Rosa. Ahora Pali podía entender un poco mejor a la familia Negro, pero, ¿por qué Jonás mostraba poco o nada de respeto por la señora Rosa?

Asignadas las tareas a los miembros de la familia Negro por parte del tío Julio, excepto a Jonás, solo quedan sin nada que hacer este último y Pali, quien se encuentra de frente el tío. Cuando los demás miembros de la familia se retiran a sus quehaceres, los que tienen que ir a la escuela así lo hacen y los que ya no están en la escuela, se ven en la obligación de ir a "la roza", donde cada familia en los campos del pueblo de Carabaluca trabaja la tierra y hace sus sembradíos.

Al quedar a solas con el tío Julio, Pali, a pesar de sentirse seguro en compañía de este, siente una gran intranquilidad, puesto que el señor no es fácil de entender, por lo que dice y en la forma en que lo dice; pero esta es la última persona, además de Simona, a quien Pali quiere defraudar. A Simona por dos razones: la primera por ser su amiga y en segundo término por haberle rescatado de la situación tan difícil en la estación de autobuses, donde experimentó aquel sentimiento de abandono y soledad que jamás quisiera volver a sentir. Y al tío Julio porque, pese a ser él casi un desconocido, confió y le dio la oportunidad de salir en forma correcta de la casa del tío Sebo, y también porque era un hombre tan sabio del que debía aprender.

Pese a ello, no podía comprender el sentimiento de aprehensión o de intimidación que le hacía experimentar el tío Julio. En ese instante, el hombre le dijo: "Tú vendrás conmigo; en esta casa nadie puede quedarse sin hacer nada. Hasta Rosa y Simona tienen quehaceres y eso que son mujeres, una debe ir a la escuela, Simona, y la otra, Rosa, se encarga de la casa y de preparar el almuerzo y la cena. Así que a usted, mi amigo, hay que buscarle algo que hacer hasta que llegue el tiempo de entrar a la escuela".

Pali asintió con un movimiento de cabeza, antes de que el tío Julio siguiera hablando: "Por otro lado, quiero pensar que esta mañana has ido a disculparte con tu tío Sebo, porque de lo contrario, un hombrecito que tiene el carácter para volarse de casa no estuviera aquí si no hubiera cumplido con mi primera condición".

El niño, sin haber entendido del todo lo dicho, contestó: "Sí, señor; esta mañana fui donde el tío Sebo y le di mis disculpas…" El tío Julio lo interrumpió: "No necesito saber los detalles de la conversación; me basta y sobra con saber que las disculpas se dieron y que mi primera condición fue cumplida".

Esto fue un alivió para el pequeño, pues la conversación con el tío Sebo era un episodio que él deseaba olvidar, y más cuando su tío, "su propia sangre de su sangre", le pronosticara que sería "un pichón de delincuente". Se preguntó qué hubiera pensado el tío Julio de tener que haberle hecho saber lo dicho por su tío Sebo, porque una de las reglas y condiciones impuestas era que él no podía mentir, de allí la sensación de alivio al dejar ese pasaje a un lado.

Pali en la roza de la familia Negro por primera vez

Cuando recién llegaron a la roza de la familia Negro, Pali quedó gratamente sorprendido de aquel lugar ubicado a unos treinta minutos de la casa. Se parecía al señor Julio Negro, pues todo se mantenía un orden, impecable, y además irradiaba una calma, una paz envidiable, una sensación totalmente contraria a la sensación que experimentó la noche en que fue rescatado por Simona. Esto trajo como consecuencia que Pali se sintiera como que era parte de aquello, como si siempre estuvo en aquel lugar, o ligado a él.

El tío Julio lo volvió a sacar de sus pensamientos para decirle que debían ponerse a limpiar el sembradío de yuca, y puso en sus manos un pequeño machete no muy afilado para que procediera a realizar las labores de limpieza, señalándole que eran las nueve de la mañana y que estarían en condiciones de descansar para las doce del día, en la hora del almuerzo, por lo que debía procurara avanzar lo más posible, y le advirtió que era casi seguro que llovería.

Las plantas no eran muy grandes, podían tener un mes o mes y medio de haber sido sembradas, cada una alineada al lado de la otra, con una separación de medio metro. Parecía haber sido plantado con una simetría impresionante, como que al momento de la siembra se hubiera utilizado aparatos de medición para lograr algo tan cercano a lo exacto.

Pali comenzó su lucha con la limpieza de las plantas de yuca, a la que no estaba acostumbrado. A pesar de haber tenido que afrontar variadas vicisitudes, no tuvo antes la necesidad de enfrentase a la realización de una tarea formal como la que le encomendaba el tío Julio. No quería decirle al tío Julio que nunca lo había hecho, pues era como dejar de un lado su primer reto formal, lo que podría desencantar al tío. Deseaba demostrarse y demostrarle al tío Julio que valía la pena hacer compromisos con él.

Transcurrida media hora de estar realizando la limpieza, Pali presentaba las manos llenas de ampollas, producto de la fricción entre el pequeño machete y sus manos, muy sensibles al trato con la cacha o mango del macoco. A pesar de todo este sufrimiento, el niño no articulaba queja ni lamento alguno, más bien clamaba a Dios, para que le diera la fuerza y la entereza necesaria para cumplirle a quien lo libró de la casa del tío Sebo y de la terrible sensación de absoluto abandono y soledad, por lo que seguía realizando el trabajo encomendado sin chistar y con gran interés y ahínco.

Como a las tres horas, el tío Julio se acercó al lugar donde trabajaba Pali y lo invitó a refugiarse del sol, en un pequeño rancho, muy bien estructurado con madera redonda de arboles para sus cuatro horcones, y con varas más delgadas que sostenían de manera firme el techo de pencas de guágara, una palma que se encontraba en grandes cantidades y con gran facilidad en los bosques cercanos a Carabaluca.

Ya dentro del pequeño rancho, Pali se percató de que el tío lo miraba con ternura, sensación que nunca había experimentado de parte de alguien que no fuera su difunta madre, ni siquiera de su padre. Esto trajo como consecuencia más confusión a la pequeña, y cargada cabeza de Pali; pero no dijo nada. El tío Julio sacó de una lonchera el almuerzo, un sabroso y apetecible "pescado sudado", consistente en un guiso de pescado en leche de coco, con verduras sancochadas, e invitó a Pali para que comiera. Luego, de manera muy sutil, comenzó a sacarle información al niño:"¿Óyeme, aún no me has dicho por qué te volaste de casa del tío Sebo?" "Ni yo mismo lo sé", contestó Pali, "Ocurre que la señora Ida, la esposa del tío Sebo, me mira como cosa fea, y algunos de sus hijos me hacen sentir como un intruso". "¿Por qué no le dijiste eso al tío Sebo?" "Se lo hice saber, pero, me hizo poco caso, dice que eran imaginaciones mías, y que además qué esperaba, que no olvidara que yo era un huérfano recogido, y que aceptara que toda su familia estaba haciendo un acto de caridad, y que él era mi tío, pero que la señora Ida no tenía por qué aguantarme". "Y tú, ¿qué contestaste a todo eso?". "Nada, porque en el fondo todo eso es verdad, entonces decidí que la única manera de no seguir sintiendo esa sensación de recogido era volarme, así fuera para estar en la calle". "Bueno, alégrate, ya no estás en la calle y te prometo encargarme de poner todo lo que esté a mi alcance para que no vuelvas a sentirte así".

De inmediato le dio un fuerte abrazo, algo que resultaba una sensación nueva para Pali, pues nunca nadie se había tomado el trabajo de dispensarle un abrazo y menos tan agradable como los que solía darle su madre. Los dos continuaron conversando de diversos temas, Pali, tenía un sentimiento de que hacía mucho tiempo que conocía al tío Julio, a pesar del poco tiempo que en realidad habían convivido; se sentía a gusto con el hombre, que era comprensivo, cariñoso, amable y ahora protector, aunque a veces no entendía todas las cosas interesantes que decía.

De pronto, el tío Julio le dijo: "Bien, caballero, la conversación esté muy buena, pero la tarea sigue pendiente y el deber nos llama". Empezó para Pali, de nueva cuenta, el sufrimiento, porque sus manos iban de mal en peor y las ampollas continuaban saliendo entre sus manos y sus dedos, y lo que era peor, se hacían más grandes, se reventaban, agudizando su dolor. Con todo, el muchacho no tiraba la toalla, y a eso había que sumar que el macoco no contaba con filo suficiente, por lo que el esfuerzo debía ser mayor.

Entre sufrimientos y esfuerzo Pali no se dio cuenta lo rápido que pasó el tiempo, a pesar de que bajo las condiciones difíciles en que realizaba aquel trabajo cada minuto era una eternidad. Pero estaba empeñado en hacer las cosas bien y demostrarse que podía hacerlas y, lo más importante, por nada del mundo iba a defraudar a este hombre que en poco tiempo hacía tanto por él.

Entre un pensamiento y otro apareció el tío Julio, anunciándole que terminaban por ese día, y agregando: "Hemos aprendido varias lecciones: por mi parte, he aprendido que no podemos subestimar a las personas, te di un machete sin filo o poco filo, para evitar que fueras a causarte una herida, pensé y sabía que nunca habías hecho ese tipo de trabajo, por lo que creí que en media hora o menos me pedirías que te pusiera a realizar un trabajo más fácil, pero no fue así; termine causándote esas heridas, las mismas que quería evitarte, mira como están tus manos. Por tu parte, la lección también es clara: hay que tener determinación y eso es muy bueno, pero esa determinación ha de tener límites y ese límite no es otro que lo que nos conviene hacer, no debiste llegar al grado de causarte daño por cumplir la tarea encomendada o por la razón que sea; la salud, al igual que la vida, son regalos de Dios, y merecen ser apreciados por nosotros por encima de todo. Eso sí, quiero que sepas que estoy muy orgulloso de ti, por el comportamiento que has adoptado frente al reto que te ha impuesto la vida".

Pali pensó algo nuevo: "Nadie, nunca, ni siquiera mi madre Agustina, me dijo alguna vez que estaba orgullosa de mí o de lo que yo hiciera, aunque sé que lo sentía sin decírmelo".

Pali y el tío Julio de regreso a casa

Terminada la jornada del día, la odisea experimentada, Pali se mostraba contento, satisfecho por no haberse defraudado él mismo ni desilusionado al tío Julio.

Una vez en casa, dejaron todos los enseres de trabajo y tomaron un gran baño en una pequeña quebrada que atravesaba el camino que conducía a la letrina de los Negro, llamada por los pueblerinos como "La quebrada de los puercos", nombre que le fuera asignado porque en una época hubo por ahí una gran cría de cerdos.

El tío Julio lo llamó, y se disculpó de una manera muy sutil, pero con un rostro muy serio diciéndole: "Pali, quiero que sepas que estoy avergonzado y siento mucho que tengas todas esas ampollas como consecuencia de haberte subestimado, créeme que lo siento mucho. Quizás te preguntarás que si tanto lo siento por qué no detuve el trabajo, para evitarte tantas laceraciones y sufrimiento. Todo en la vida tiene su por qué. Eres un muchacho, un niño que se está descubriendo y, por lo tanto, apenas está formando su carácter, el carácter y su formación definen la vida futura de cualquier persona, tú has demostrado que en realidad tienes el carácter suficiente para hacerte de un gran futuro. Entonces era obligante para mí no interrumpir ese proceso de formación, esto te explica por qué no te detuve, es posible que de momento no lo entiendas pero ya lo entenderás".

Tenía razón, el tío Julio, justo en ese momento Pali estaba pensando que el tío Julio era un especialista en decir cosas que le parecían muy interesantes, pero difíciles de entender. Aun así, durante esas explicaciones, de una manera apasionada y con una ternura que se podía palpar a flor de piel, el tío Julio aplicaba a las heridas primero un lavado cuidadoso con un jabón líquido y luego le aplicaba una crema refrescante que le producía a Pali una sensación de gran alivio.

Terminada la conversación de hombres, de un solo lado, y la curación, el tío Julio solicitó a Pali que se fuera a la cama a descansar, que ya tendrían tiempo para seguir hablando en otra ocasión.

CAPÍTULO 5

La vida de Pali continúa en casa de la familia Negro

La vida de Pali continuó en casa de la familia Negro en forma más o menos normal. El niño era objeto del amor de la señora Rosa, del amor de Simona, además de llevarse muy bien con Milo, el menor de los hijos varones.

Hablar de la relación de Pali con el tío Julio era hablar de una relación que progresaba; entre ambos se tenían una confianza mutua, y así pasaba el tiempo.

Con el único de la familia Negro que Pali no lograba tener una buena relación era con Jonás, quien parecía ser feliz haciéndoles la vida imposible a todos, con especial énfasis en él. Pese a ello, Pali se empeñaba en alejar cualquier sentimiento que pudiera empañar el deseo que tenía de llevar una buena relación con todos, y Jonás no era la excepción. Pero ya para entonces conocía muchas habilidades propias del campo, entre ellas la siembra de la yuca, del ñame, del ñampí, del plátano, y nada que decir del maíz, arroz y los frijoles.

Todo esto hacía del niño un muchacho casi feliz, pero en realidad de lo que se sentía verdaderamente orgulloso era de que el tío Julio lograba fortalecerlo en el plano de lo moral, en todo lo que era necesario para llevar una existencia sin mentiras, demostrando respeto por lo ajeno, haciendo en cada cosa lo mejor y comprometiendo todas sus capacidades. Eso lo proveía de una seguridad en sí mismo excepcional.

Por otra parte, le construyó un horno para producir carbón con su nombre, y todos los miembros de la familia Negro se preguntaban por qué el tío Julio haría un horno de producir carbón con el nombre de Pali.

Ocurrió que una vez el tío Julio quiso que Pali hiciera efectiva una más de las condiciones impuestas para que pudiera quedarse en su casa, las que se resumían en pedir disculpas al tío Sebo, no mentir y asistir a la escuela, esta última era innegociable. De allí, que una vez Pali estuvo listo, a juicio del tío Julio, para hacer frente a esta condición, lo invitó a que realizaran un horno. La obra se hacía llevando troncos verdes de diferentes árboles a un lugar llamado plana, un sitio en forma de circulo, muy limpio, en donde una vez se apilara toda la madera de árboles recién cortados, se ordenaban en forma de pirámide de mayor a menor, dejándole un orificio o puerta en la parte frontal, que iba desde la parte central del horno hasta uno de sus lados, una vez ordenada en esta forma toda la madera, se procedía a cubrir al horno con mucha hierba recién cortada hasta dejarlo cubierto en su totalidad, excepto la puerta, por donde el horno sería encendido.

Después de forrado el horno, era cubierto con tierra, con la finalidad de que una vez encendido el horno fuera quemándose de a poco y no de una sola vez. Al quemarse la madera, la hierba era destruida por el fuego y la arena iba penetrando, deslizándose y apagando parcialmente la madera una vez transformada en carbón. Después de la quema, durante ese proceso que duraba días y a veces semanas, el tío Julio y Pali tenían que estar pendientes y, usando varas con puntas en uno de los extremos, tenían que estar agujerando al horno para dar lugar a que la arena se filtrara con mayor facilidad y fuera apagando la madera, ya quemada, conservando el carbón.

Una vez terminado este proceso, era necesario poner a salvo el carbón, sacándolo poco a poco, ubicándolo lejos del alcance de las llamas que se mantenían en la parte interna del horno. Esto representaba para Pali y el tío Julio, cuando los días eran lluviosos, el riesgo de un "pasmo" como se conocía en el pueblo de Carabaluca el hecho de que una persona se torciera por la exposición un cambio de temperatura de una manera brusca, por lo general del calor al frío.

Para sorpresa de Pali, el tío Julio, cada vez que veía una amenaza de lluvia en medio de una "cosecha" de carbón, es decir, en el período de poner al carbón a salvo de las llamas, tomaba una pequeña porción de carbón, un pedacito y le solicitaba a Pali que lo mantuviera dentro de la boca bajo la lengua. Se creía que gracias a ello, nunca ni él ni su querido tío sufrirían "pasmo" ni nada parecido.

El tío Julio le dio el nombre de Pali a un horno por la sencilla razón de que todo los recursos que produjera ese carbón serían utilizados en la compra de los útiles y uniformes escolares que necesitaría el niño para asistir a la escuela.

Pali cumple la condición de asistir a la escuela

"En los próximos días asistirás a la escuela, quiero que tengas muy claro que para la gente que no es de abolengo, es decir que no cuenta con un gran apellido, lo único que puede llevarlo a lograr algo en la vida, o a ser alguien, es la educación; y para prepararse lo más importante es tener la disposición. Entonces debes prometerme que nunca renunciarás a educarte, en consecuencia, nunca, no importa la condición en que te encuentres, renunciarás a ir a la escuela", expresó el tío Julio.

Pali respondió entonces: "No es necesario que se lo prometa; se trata de una condición que usted me ha impuesto para seguir viviendo aquí en su casa, entonces es claro que mientras viva aquí, no tengo ninguna otra opción".

Que promesa más difícil la que quería arrancarle el tío. Y a ello aunamos que Pali no podía asegurar que la escuela le gustaría, pues bastante vio a su madre Agustina "cuerear" a Juancho y a Melanio por ir mal en la escuela y traer malas calificaciones. Así que era no mejor era no comprometerse tanto, y menos si se había comprometido con el tío Julio a no mentir, ¿qué haría cuando tuviese una mala calificación? "Dios me salve de una promesa así", pensaba. Pese a esto, él no contaba con el hecho de que el tío Julio insistiera: "Necesito que me hagas esa promesa; mañana yo podría no estar aquí y quiero que continúes en la escuela hasta graduarte de la Universidad". "Pero, tío…", trataba Pali de zafarse, sin éxito. "Sigo esperando tu promesa, Pali".

El niño se dio cuenta de que estaba frente a un hombre que no solo era inteligente, moderado, que irradiaba paz, sino que además era muy obstinado frente a todo lo que quería lograr, y entendió que todo sería inútil, debía volver a comprometerse, y le dijo: "Tío, te lo prometo".

En ese momento vio en el hombre una sonrisa de felicidad, de gran satisfacción, antes de escucharle decir: "Estoy seguro de que cumplirás tu palabra, estoy seguro de que no me defraudarás".

Concluida esa conversación, Pali, acompañado por el tío Julio, marchó a su primer día de escuela.

Pali en su primer día en la escuela

Aquel primer día se sintió muy solo, pues veía a muchos niños que corrían de un lado para otro, y algunas personas mayores, algunos eran maestros y otros eran padres de familia que iban a dejar a sus hijos como se acostumbra los primeros días de clases, y observó a varios muchachos de su edad, conocidos de él, en compañía de sus padres.

Sintió entonces una terrible nostalgia, al recordar de manera repentina a su amorosa madre. Cómo le hubiera gustado que ella pudiese estar acompañándolo, como lo hacía con su hijo

Roel la esposa del señor Kakaca, aquel que les había ayudado con la construcción del féretro; pero de forma instantánea le vino al pensamiento la imagen del tío Julio. ¿Qué era lo que estaba haciendo? Aquello no era justo para con ese hombre que desde que lo conociera no hacía más que demostrarle amor y cariño, tomándose el trabajo de dejar de ir temprano a la roza, como lo hacía siempre, para ir a acompañarlo a su primer día de escuela, como solo suelen hacerlo los verdaderos padres. Además, estaba seguro de que su madre Agustina, de alguna manera, siempre estaría con él.

Decidió entonces concentrase en la escuela y en las cosas que tenía a su alrededor, pues era mejor que todo aquello le gustara. Tenía muy claro que asistir a la escuela no era algo que pudiese negociar con el tío Julio, quien fue muy enfático al señalarle que aquella condición era quizás la más importante, y le había hecho prometer que no renunciaría a ella.

Una vez cantado el Himno Nacional de Panamá, como se estila en los diferentes planteles del país todos los lunes de cada semana, como se daría cuenta Pali más tarde, quedó en el Primer Grado A, junto con alrededor de veintinueve muchachos más. Eso lo puso muy alegre, porque podía hacer buenas amistades, y eso le haría de seguro más fácil su permanencia en aquel lugar en el que la promesa realizada al tío Julio lo obligaba a asistir regularmente, aun si ya no viviera con él.

La escuela no le pareció lo mejor del mundo, porque no veía fácil tener que aguantarse a una persona que no era su madre o su padre, su abuelo o su abuela, su tío o su tía, su hermano o su hermana mayor, quien además de dar órdenes algunas veces se atrevía a regañar, pero tampoco la consideró del todo mala. Sabía que todo no iba a ser color rosa, y que debía esperar alguna mala nota o calificación en la escuela para darse cuenta cómo lo tomaría el tío Julio, ojalá y no como su madre, que llegaba hasta a pegarle a sus hermanos por esa causa.

En realidad no profundizó mucho en aquello, iría tomando las cosas de a poco, tal como se le fueran presentando, a Pali. Su maestra se llamaba Marina, quien fue de su agrado inmediato, porque era de baja estatura, de tez blanca, de un cuerpo bien proporcionado, y cuyo rostro podía compararse con un ángel en cuanto a su belleza, con unos ojos azules como el mar. Esa era otra razón para aceptar ir a la escuela, el poder estar al lado de una mujer tan linda como la maestra Marina, bastaba, y a ello se podía añadir que tenía suaves modales para tratar a los niños, a cada uno con ternura extraordinaria.

Así fue Pali creyendo que la escuela no era lo que pensaba, que lejos de tratarse de un lugar en donde los padres y los mayores obligaban a ir a sus hijos para aprender cosas que a lo mejor no utilizarían nunca, y para que ganaran malas calificaciones con el fin de poderlos castigar, era un lugar en el cual se podía encontrar a una gran cantidad de niños y muchachos para hacer amigos, para jugar, niñas lindas y maestras jóvenes, bonitas, viejas, feas y gordas, al igual que otras cosas nuevas para aprender: números, letras, figuras, modales, religión, arte, ¡todo fascinante!

Aquel primer día de clases, Pali regresó a casa de la familia Negro si no emocionado, por lo menos lleno de interés y ansioso por conocer nuevas posibilidades y oportunidades, sobre todo con esa gran cantidad de niños de su edad con los que podría compartir y tener verdaderas conversaciones en las que sí podría participar y las que sí entendería con claridad.

Por otro lado, qué linda era la maestra; tan linda que era un motivo suficiente para ir a la escuela a diario, en aquellos tiempos en que en los pueblos como Carabaluca se asistía a la escuela en dos veces al día, es decir: en la mañana y en la tarde.

Entre un pensamiento y otro, Pali llegó a casa de la familia Negro, su casa desde ya hacía un tiempo, y su sorpresa fue grande al comprobar que lo esperaba la señora Rosa con una deliciosa comida y un gesto de cariño que, en verdad, le daban la impresión de que todos y cada uno de sus problemas se habían resuelto, gracias a que Dios le daba la oportunidad de que en su vida apareciese un ángel como Simona, y en aquella casa se sentía a gusto, querido y apreciado por todos, excepto por Jonás, quien le hacía sentir un sentimiento que él no podía explicar.

Una vez terminada la merienda, Pali realizó todos sus quehaceres escolares; el tío Julio se le acercó de una manera típica, con palabras cariñosas y trasmitiéndole seguridad, y luego lo cuestionó: "¿Qué tal tu día?" "En verdad pensé que la escuela sería un lugar menos agradable" contestó Pali. "A mis hermanos mayores no les gusta ir a la escuela, porque sacan malas calificaciones y eso los hacía tener problemas muy serios con mi madre".

"Me alegra mucho que la escuela te haya parecido un lugar distinto de lo que pensabas; por otra parte, hay lugares en donde uno se ve obligado a ir no porque le gusta, sino porque le conviene. Haz de tener claro que en la vida es importante que los seres humanos comprendamos que lo único que debe estar por encima de lo que queremos hacer es aquello que nos conviene hacer siempre que esté dentro de lo moral". "Qué cosas dice", pensó Pali, "Este señor sí que es complicado en lo que dice, sobre todo para poder entenderle".

El tío Julio continuó: "Hoy eres más fuerte que ayer, porque eres más grande, eres más capaz, y estás más preparado. Si eso es así, que estoy seguro de que así es, hoy puedes fallarte menos que ayer, a ti mismo y a todos los que confiamos en ti, incluyéndome".

"En el salón somos veintiocho, también está en mi salón el hijo del tío Kakaca, la maestra se llama Marina, muy amable muy linda, sabe mucho, no solo de letras y números, sino además conoce de dibujos, de arte, de colores y también sabe de religión", explicó el niño. "¡Qué bueno!" respondió el tío Julio. "Espero que pronto te conviertas en un sabio, y puedas también enseñarme, porque en realidad yo solo pude llegar hasta sexto grado en la escuela del pueblo de María Chiquita, donde nací". Pali pensó para sus adentros: "¿Qué pasa con el tío? Pretende que esté en la escuela durante seis largos años, eso e una locura, y lo peor de todo es que se lo prometí… pero no me voy a preocupar por eso ahora". Y continuó explicando:

"No somos los únicos que estamos en la escuela, hay otros salones y hay más maestros; también hay algunos padres de familia. Además, pude ver algunos de mis hermanos mayores a quienes tenía rato que no veía, eso también me gustó mucho. He realizado todas las tareas y estoy listo para mañana". "Eso me parece bien", contestó el tío Julio. "Pero no solo irás a la escuela todos los días, además de la escuela hay otras obligaciones y necesidades de la casa en las que debes contribuir y colaborar para que todos tengamos oportunidades de vivir con mayor tranquilidad. A partir de mañana, conocerás tus quehaceres y acomodaremos cada una de tus obligaciones diarias al horario de tus horas de clase. Ve a dormir, mañana será otro día y hay que levantarse temprano".

El tío Julio y Pali definen su horario

A la mañana siguiente, el tío Julio le hace saber a Pali su horario: "En el turno de la mañana irás a la escuela, al regresar tomarás el almuerzo y luego irás un rato a trabajar en la roza. Luego, en el turno de la tarde, apenas sales, volverás por un rato a trabajar. La vida hay que ganársela y debe ganarse a base de trabajo digno. Una vez salgamos de la roza en la tarde, harás tus quehaceres de la escuela, y antes de dormir tendrás un rato libre para hacer con ese tiempo lo que quieras. Al principio te dará la impresión de que es un horario muy difícil, pero ya te acostumbrarás a él".

Pali solo se limitó a mover la cabeza, en señal de consentimiento; después salió rumbo a la escuela, emocionado, no solo por encontrarse con los demás muchachos, sino porque también tendría la oportunidad de ver a la encantadora maestra Marina, quien tan buena impresión le causara el primer día.

La mañana transcurrió encantadora, interactuando con sus compañeros en especial con Roel, hijo del señor Kakaca, con el que de manera espontánea hizo amistad; además, pudo darse cuenta de que él ya era una persona muy apreciada, lo que le agradó.

Terminada las clases de esa mañana, sin distracciones se dirigió de manera inmediata a casa de la familia Negro, pese a haber sido invitado por Roel y otros muchachos a seguir jugando durante otro rato en la escuela. Una vez llegado a la casa, se cambió la ropa y se dirigió a orillas de la quebrada La Chunga, en donde quedaba la roza. Allí encontró al tío Julio, trabajando en la limpieza de unos plantones de yuca. Apenas avistó a Pali, se puso de pie y lo saludó amablemente, interrogándolo enseguida: "¿Cómo ha sido el día de clases?" "Muy bien, he participado activamente porque hablaron de diversos temas como: la salud, la higiene, cómo evitar enfermedades, y luego aprendimos algunas letras y su escritura, al igual que su sonido". "Te felicito, veo que estás aprovechando el tiempo de una manera útil; pues aquí también lo harás, ya he puesto un poco de filo al macoco que te causó tantas ampollas en las manos; espero que ya no te lastime; además, no creo que lo hará, púes solo trabajarás un rato hasta que tengas que volver a la escuela".

Pali noto que esta vez, a diferencia de la anterior, el tío lo ubicó muy cerca de él, y comenzó a decirle cosas que ya sabía; por tal razón quedó algo perplejo, y trató de cambiar el tema. "¿Cuánto tiempo toma la yuca para estar de cosecha, tío?" "Depende; hay algunas variedades que pueden cosecharse en tres meses y hay otras que toman hasta seis, pero volviendo a nuestro tema, quiero que sepas que te he dejado vivir en mi casa junto a mi familia que para mí es lo más importante porque tengo plena confianza en ti, porque estoy seguro de que tú me darás grandes satisfacciones, satisfacciones que quizás ni siquiera ninguno de mis hijos me dará, basta con darle un vistazo a todos para darse cuenta de que los hijos que tuve con Cami, mi esposa anterior, ninguno ha terminado la escuela, todos han renunciado a ella, y de los hijos de Rosa, tanto los de ella, como los que tiene conmigo van por el mismo camino. Vamos a ver cómo resulta Simona, pero estoy seguro de que tú te vas a graduar de la Universidad y me darás esa gran satisfacción".

Pali pensó: "Pero, ¿cómo puede este hombre estar tan confiado en que yo llegaré a la Universidad, si estoy más que preocupado solo al pensar que debo estar en la escuela, nada menos que seis años; pero bueno, si él es feliz pensando en eso, para qué lo voy a contradecir, no me hace ningún daño pensando de esa manera. Además, como que se le olvidó que yo estaré en su casa junto a su familia solo por un tiempo".

Continúa la conversación no prevista

El tío Julio continuó enfocado de una manera inusual en la necesidad de que Pali comprendiera que continuar asistiendo a la escuela era una cuestión de vida o muerte, a tal grado que seguía con la conversación centrada en ese tema a pesar de todos los intentos de Pali por cambiar el rumbo. "Quiero que tomes el propósito de asistir a la escuela como una cuestión de índole personal, en nosotros los pobres es la forma más segura y directa de alcanzar el éxito", señalaba con gran énfasis. Sin embargo, Pali solo podía seguir centrado en el tiempo que le llevaría todo aquello que le pedía el tío Julio. Entonces se vio obligado a formular una pregunta que no quería hacer, por lo menos en aquel momento: "¿Cuántos años debo ir a la escuela para graduarme de la universidad?" El tío le contestó con gran naturalidad: "Por lo menos debes concluir toda la primaria, la secundaria y los seis años de universidad". "¡Dios mío!" pensó Pali. "pero ¿qué pretende el tío Julio? ¿Que me pase la vida en la escuela? Si eso es tan bueno, ¿por qué él no fue a la universidad y pretende que yo sí?, que me pase la vida en una escuela, con gente que ni siquiera conozco, y pensar que me ha hecho prometerle semejante locura; pero no importa, después de todo ni siquiera sé dónde queda eso y creo que el tío Julio tampoco".

Luego, dirigiéndose al hombre, manifestó: "Pero bueno, tío, si la universidad es tan buena ¿por qué usted no fue a ella?". El tío Julio se quedó un buen rato en silencio, como meditando la respuesta que daría, y luego de una buen rato, con gran seriedad en su rostro, contestó: "Siempre quise ir a la universidad, pero primero tendría necesariamente que haber realizado la secundaria y mi padre nunca me apoyó, de igual manera, cuando estuve en disposición de asumir la escuela por mi propia cuenta, entonces era muy joven y me incliné por cosas mucho menos importante, lo que a todas luces fue un error. Pali, el monte no da más que monte, en estas rozas como ves, se trabaja duro y no logras pasar de una economía de subsistencia, es decir solo sacas a duras penas para la comida. He tratado igualmente de darle esa oportunidad dentro de mis posibilidades a cada uno de mis hijos, al igual que a los hijos de Rosa, mi esposa, pero con ninguno ha sido posible, no han demostrado un verdadero interés por la escuela, esto te lo cuento antes de que me lo preguntes, pues si me has preguntado por qué no fui yo a la universidad, de seguro me preguntarás por qué no han ido mis hijos".

"Qué hombre tan inteligente", pensó Pali, "pues no hay duda de que esa precisamente era la siguiente pregunta". El tío Julio continuó:

"Pero estoy seguro de que contigo será diferente, no solo porque me lo has prometido, sino porque hay muchas promesas que sencillamente no se cumplen pero en ti veo la determinación y la entereza que jamás he visto en ninguno de mis hijos. Por otro lado, a diferencia de mis hijos, tú tienes dos strikes y un tip (modismo del pueblo de Carabaluca para señalar que solo faltaba un strike para perder el turno al bate). Entonces no creo que eres de los que desaprovechas las oportunidades, creo que de todo lo que te he pedido hasta ahora, nada era tan difícil como ir a pedir disculpas a tu tío Sebo, pues es más fácil ir a pelarse o darle un golpe a una persona cualquiera, que ir a pedir disculpas, esa es una cuestión de valientes".

"Así es", pensó Pali, "este hombre tan inteligente volvió a acertar"."Eso me dice que tú eres una persona de sentido común, que a la vez es el menos común de los sentidos; esto lo digo porque a pesar de que todos lo tenemos, pocas personas nos dejamos llevar por él, mas la determinación que has demostrado me hace pensar que tú si lograrás sacar adelante lo de la universidad y me darás esa satisfacción".

Pali asume como suyo el deseo de su tío Julio

Terminada aquella conversación, que podríamos llamar inesperada, y que a juicio de Pali sí fue una conversación, porque ambos intercambiaron opiniones, y no como otras veces, cuando se sintió incómodo porque el tío Julio tomaba la palabra y no había forma de que él diera su opinión o pudiera rebatirlo en algo, a pesar de que ciertas cosas no las podía entender por completo.

No obstante, también pudo sentirse cómodo, porque cada vez que se realizaba una de esas conversaciones con el tío Julio, tenía el pleno convencimiento de que aprendía un montón. Fue así como descubrió que en verdad necesitaba darse una meta, trazarse un objetivo y tener un motivo o motivos para continuar viviendo, pues ya no contaba con una familia que pudiera considerar propia, a sus hermanos no los podía frecuentar y menos vivir con ellos; esta era una posibilidad que se veía demasiado lejos; la señora Agustina que tanto amor le dispensaba, ya no estaría más con él, sus tíos y demás familiares le dijeron que ella ahora estaba con Dios, porque Dios así lo decidió, y él siempre pensó que no podía reprochar las decisiones de Dios, recordando lo dicho por su madre, que "todos eran criaturas de Dios, y que Dios era dueño de todo cuanto existe, en consecuencia era quien decidía hasta cuándo y hasta dónde podíamos vivir".

De ese modo, le resultaba fácil concluir que su madre estaba en buenas manos, después de todo, su madre nunca dejaba de hablar de Dios; en lo que respecta a su padre Justo, este en realidad nunca fue parte de la familia, siempre tenía otras cosas que hacer y contaba como poco o nada de tiempo para departir y compartir con ellos, o tenía que ir a trabajar en la compañía aceitera, a treintaicinco minutos del pueblo de Carabaluca, en el pueblo de Icacal, o estaba donde su querida y amada Monogonia, o simplemente, disfrutando de un cigarrillo de kenke con sus amigotes, entre los cuales se podía contar a Pedrito, el Kune o Kunene , a Peludo, a Darío y nada que decir del gran Pri, hijo por cierto de la protectora señora Marla Bullanga, esta última de un gran corazón y de buenos recuerdo para Pali.

Así llegó a la conclusión de que una bonita y oportuna manera de tener motivos para continuar con la vida y vivir, y uno de tales motivos bien podría ser el dar al tío Julio la satisfacción de llegar a la universidad y graduarse. Por otro lado, si en verdad el tío Julio le aseguraba que era una forma muy segura para lograr algo de triunfo, entonces no había nada de que hablar, ya tenía motivos claros para continuar con su vida, y no solo se limitaría a complacer al tío Julio, cumpliéndole una promesa, sino que en adelante el hecho de llegar a la universidad se constituyó en su mayor deseo.

Con su futuro aclarado y teniendo un norte que seguir, que coincidía con los deseos de tío Julio, para fortuna de este último, Pali se dispuso a comunicárselo. Una vez, llegado a la roza, es él quien inicia la conversación: "Tío, creo que es necesario que sepa que lo de hacerme universitario y lograr un título de la universidad a partir de hoy, no solo será su deseo, sino que también será el mío". El tío Julio guardó silencio por un largo rato y mantuvo una seriedad inusual que se le reflejaba con claridad en su rostro; por un momento Pali pensó que no fue buena idea notificarle su decisión, al observar que en los ojos del tío Julio afloraba una lágrima, pero luego asomaba en su boca una leve sonrisa y lo vio acercársele para darle un fuerte abrazo que, lejos de maltratarlo y sentirse apretado o incómodo, hizo que se sintiera seguro, rodeado por los fuertes y robustos brazos de su tío, casi un padre.

Luego de aquel abrazo empezó con las palabras de siempre, palabras que ya Pali conocía bien.

CAPÍTULO 6

Pali comienza a tener algunos problemas con su nueva familia

Señor:
Ayúdame siempre a ver la otra cara de la medalla,
no me dejes inculpar de traición a los demás,
por no pensar igual que yo.

MAHATMA GANDHI.

Todo transcurría con tranquilidad relativa; Pali asistía a la escuela con regularidad, tenía buenos amigos, entre los que podía contar a Purí, Guaro, Martín, Roel, Falco y Wilfrido, entre tantos otros, y se deleitaba con su guapa y encantadora maestra Marina. También tuvo maestras hacia las que no se sentía tan atraído, como la maestra Viviana, Elsa, Mitre, el maestro Bárcenas, el maestro Ellis, estos últimos con los que en realidad no desarrolló una relación de amigos, excepto con el maestro Ellis, pero entre ellos y él siempre hubo un denominador común, con todos mantenía una relación de respeto, cuya base, más que por su comportamiento, eran sus buenas calificaciones.

Pali siempre demostró ser un muchacho inteligente y muy capaz; sin embargo, estaba enfrentando de manera muy seguida, por no decir diaria, problemas con Jonás, quien este se daba a la tarea de hacerle la vida imposible.

Jonás trabajaba en la ciudad de Colón, a una distancia aproximada de cuarenta a cuarenta y cinco kilómetros del pueblo y se levantaba muy temprano, de lunes a viernes, para trasladarse allá. Sin embargo, en las noches tenía que instalar un canapé en el que dormía, y en las mañanas, antes de irse, debía recogerlo. A Jonás se le ocurrió que era Pali quien todos los días debía preparar su cama para cuando él, deseara dormir, y a su vez debía levantarse cuando él se levantaba para ir al trabajo a eso de las cuatro y treinta de la mañana, para recoger el canapé. Como si fuera poco, el niño debía lavar sus zapatillas y lustrar sus zapatos, lo peor consistía en que el día que la cama no estaba puesta y lista para acostarse, y el tío Julio le hacía algún reclamo a Jonás por haber recogido la cama un poco tarde o no haberla recogido, era Pali quien pagaba los platos rotos: Jonás cargaba a correazos, a palos, a zapatillazos, a cuerazos, o con lo que tuviera en manos, y cuando le daba no quería soltarlo.

Bajo esas condiciones, para Pali no era fácil seguir viviendo, pero lo retenían fundamentalmente dos cosas: le encantaba estar en compañía del tío Julio y de Simona, por otra parte, el tío Julio y él todos los años trabajaban en la construcción de un horno para producir carbón de leña, al que le ponía su nombre, para hacer frente a los gastos de útiles para la escuela.

No había otra opción que seguir tolerando a Jonás, pensaba Pali, y era perder el tiempo hablar con su tío Julio, porque los demás miembros de la familia tenían sus propios problemas con Jonás y nadie decía nada. A fin de cuentas, él era un recogido temporal de la familia Negro.

Otros problemas de Pali con Jonás

Sin embargo, en la vida de Pali existía lo que podríamos llamar una mancha negra: su relación con Jonás era cada vez más insostenible y, como si fuera poco, logró meter cizaña entre él y algunos de los miembros de la familia, como a Milo, Nito y de alguna manera también involucró a la señora Rosa. A todos, de una forma que Pali desconocía, los convenció de que el niño era lo suficientemente grande como para que se encargará diariamente de pilar el arroz, acción que consistía en descascarillar los granos de arroz en un pilón de madera.

Como consecuencia de ello, Pali ahora no solo tenía que ir a la roza todos los días a ayudar al tío Julio, cosa que hacía con el mayor gusto del mundo, sino que además tenía que irse a fajar en el pilón para que al día siguiente hubiese el arroz pilado suficiente como para cocinar, todo eso gracias a Jonás. Tanto era así que las manos de Pali cada vez se iban llenado de una callosidad inusual, al grado que llamaba la atención de sus compañeros de salón, y en especial de sus compañeras.

Pali se convirtió así en el empleado personal de Jonás, a menos que en algún momento estuvieran cerca o al lado del tío, cuando Jonás dejaba de perturbar a Pali. Esto llegó a tal punto que, algunas veces, cuando Pali por alguna razón no podía estar en la mesa para la hora de la comida, generalmente por estar realizando trabajos de la escuela o por cumplir una encomienda de la casa, Jonás se comía la porción de comida que la señora Rosa le guardaba, con la agravante de que Pali tenía que aguantarse, pues en caso de protestar no faltaban las cuerizas que en la vida de Pali ya eran cotidianas en la mañana, en la tarde, y en la noche, como consecuencia de que Jonás buscaba algún motivo con el objeto de maltratarlo.

Aún así, el joven Pali no se daba por vencido; el hecho de poder vivir en casa de la familia Negro, en especial con Simona, y poder compartir tantas cosas y aprender de cada momento y de cada conversación con el tío Julio, lo llenaban de ánimos para continuar, y nada que decir de la oportunidad de ir a la escuela y no tener que pensar en la compra de todo lo necesario para asistir a clases y, como si fuera poco, el tío Julio era una escuela ambulante. Una de las tantas veces en que Pali enfrentó problemas con Jonás fue un día de verano, de los que se preparan las rozas para dar espacio a los primeros sembradíos del año, que, generalmente es el arroz.

A finales de ese verano, en abril, se llevó a cabo una junta de trabajo. Ese día hacía un sol tremendo y fue tanta gente a la junta que los de la casa, es decir los miembros de la familia

Negro, en su mayoría se vieron obligados a ceder su plato de comida (sopa y arroz) a las personas que desinteresadamente concurrieron a apoyarlos.

Y acudió tanta gente que el trabajo se acabó temprano y la señora Rosa, junto con las muchachas Erne y Simona, pudieron trasladarse a casa para poder preparar algo para que el resto de la familia, al retornar, pudieran comer. Pali se vio obligado a quedarse un poco más, porque le tocó lavar las ollas y las pailas en la quebrada La Chunga.

Terminada su faena, se encamina a casa con un hambre terrible; pero al llegar se encuentra con la noticia de que todos cenaron y que su porción se la había comido el héroe Jonás. En ese momento sintió unas ganas inmensas de llorar o de notificarle tantas injusticias a su tío Julio, pero se veía enfrentado a su temor: "¿Me creerá?", "¿Lograré que Jonás me deje en paz o agudizaré el problema?" Así llegó de nuevo a la conclusión de que era mejor callar.

Toda la familia conocía de esas injusticias, a excepción del tío Julio, pero nadie hacía nada y Pali siempre se preguntaba "¿por qué?".

Ante la nueva hazaña de Jonás, Pali se fue al otro lado de la quebrada de los Puercos, que atravesaba el frente; allí, un señor llamado "Pelón" tenía un número plural de árboles de mango, en cuyas ramas se dispensó una verdadera fiesta de frutas, sobre todo de los conocidos como "quilimango" o "mango hilacha", y si no quedó satisfecho, por lo menos quedó lleno.

Pali decidió ir a visitar a una de las hijas de la familia Negro, que no era hija de la señora Rosa, sino solo de Julio, quien vivía muy cerca y con quien él se llevaba bien. Ella se llamaba Robe, y residía en una pequeña casa, como a unas tres cuadras de la familia Negro, una casa de madera del mismo tipo que la casa del tío Julio, pero de dimensiones más reducidas, aunque tenía un pequeño balcón y estaba pintada de verde, aunque la pintura ya tenía muchos años y parecía marrón. Una vez allí, al ratito se apareció Jonás, y de una vez Pali, advirtió que lo provocaría, por lo que intentó ponerse en marcha.

"¿Ya comiste?", le preguntó. A esto le contestó el niño: "Sí, he ido a la roza del señor Pelón y me he llenado de mangos". De inmediato, Jonás se quitó una de las zapatillas que tenía en uso y que conocía Pali por las tantas veces que le había tocado lavarlas, y se la plantó con toda la fuerza que pudo en el rostro, de revés y de vuelta, tan duro que Pali no tuvo tiempo ni para sentir el dolor y, de no ser porque Robe, que estaba en el lugar, impidió que lo siguiera golpeando, lo hubiese acabado a golpes o le hubiera causado un gran daño. Robe se disgustó mucho, y le dijo: "Pero, ¿por qué golpeas al pelao de esa manera? ¡Él no te ha hecho nada!", a lo que Jonás respondió: "¿No te das cuenta que está señalando implícitamente que él no necesita de la comida que le da mi papá, porque puede llenarse con mangos?", a lo que Pali señaló que debió hacerlo porque Jonás se comió su cena, lo que hizo que Robe le dijera "¡No solo te comes la comida del muchacho, sino que además osas maltratarlo!".

En ese momento Pali se alejó, dándose algunos masajes en las mejillas, que le quedaron no solo moradas, sino que dejaban ver marcadas con claridad las formas de la suela. El niño volvió a sentir esa desagradable sensación de absoluta soledad y gran desesperanza del día en que la menor de la familia Negro lo rescatara, pues estaba solo frente al monstruo de Jonás.

Pali saca sus conclusiones después del incidente con Jonás.

Aquel día, Jonás se fue al extremo de lo tolerable, puesto que no solo dejó al infante sin la porción de comida que correspondía sino que además lo provocó abiertamente en casa de Robe, para luego golpearlo de manera inmisericorde, frente a la mirada de la mujer, de todos sus hijos y de otras personas. Es decir, el abuso adquirió otras dimensiones, porque Jonás ya se atrevía a golpear y abusar de Pali, no importaba dónde ni cuándo, por lo que se constituía en un verdadero problema, dado que Pali iba creciendo y no era fácil para él aceptar y tolerar una situación de ese tipo.

Sin embargo, venía a su mente la imagen del tío Julio, y se preguntaba cómo fallarle a una persona como él, haciéndole un daño a Jonás, quien, malo o bueno, era su hijo. Así llegó a la conclusión de que debería someterse a la voluntad de Jonás y a todos sus atropellos y abusos para no causarle daño a su tío.

Pali continuaba con su vida asistiendo a la escuela y haciendo en ella lo mejor posible, y en el camino ganándose el respeto y la admiración de amigos, de extraños, de compañeros y de maestros, llegando a ser alumno de puesto distinguido; asistiendo al tío Julio, en la roza con regularidad y ganándose igualmente el respeto, la admiración el cariño y el amor de aquel hombre que parecía un hombre rudo, pero que en su trato era una cera, de inteligencia incalculable a juicio de Pali, y toda una cantera de conocimientos que no era fácil de explotar por su gran contenido, pero que constituía la válvula de escape de Pali para no aceptar que era abusado por Jonás, al grado que ya no podía ni estar en la calle con sus pocos amigos, porque en donde lo veía lo ridiculizaba y terminaba golpeándolo si Pali se atrevía a resistirse o a reprochar algo. Como consecuencia de ello, el pequeño optaba por retirarse del lugar y trataba de no coincidir nunca con él.

A pesar de las evasivas, Jonás, se las arreglaba para jorobarle la vida y como si fuera poco, los días en que Pali, por alguna razón, generalmente ligada con la escuela y las obligaciones de esta, el niño no pilaba la porción de arroz de ese día, Jonás se las ingeniaba y convencía a la señora Rosa para guardarle un plato de comida, lleno de muchos misterios, pues solo contenía arroz crudo y sin pilar, y encima el acompañante, fuese carne, pescado o pollo, guisado o frito.

Aun bajo esas condiciones tan difíciles, Pali no protestaba por nada, ni tampoco ponía al tío Julio al día de las vicisitudes que estaba pasando en aquella casa, propiciadas por Jonás. A diario buscaba en sus acciones algo que pudiera justificar tanto odio de un hombre joven como Jonás, en su contra y nunca encontraba nada. Él no podía dispensarle odio al hijo de un hombre como el tío Julio, persona a quien le debía todo lo que era y había aprendido, cómo pagarle al tío de esa forma, si él no merecía otra cosa que su respeto y admiración.

Pali continúa con dificultades en casa de la familia Negro

Pali continuó tratando de alcanzar mejores calificaciones en la escuela y granjeándose el respeto y la admiración de sus amigos, de sus mayores y de sus maestros, al grado de llegar a convertirse en una persona que si no llegaba la escuela por alguna razón, eso era motivo para que de una vez los maestros y compañeros se preocuparan y fueran a casa de la familia Negro a darse cuenta qué le sucedía. De igual manera, siguió haciendo una imagen de buen agrado de plena aceptación ante su tío Julio, siendo su compañero de siempre para trabajar, ya fuera en la roza o en la elaboración de tarrayas, que era otros de los trabajos que con frecuencia realizaba el tío Julio, para lograr los ingresos necesarios para la manutención de la familia.

A pero de ello, los problemas con Jonás seguían agudizándose y, como si fuera poco, se le fueron sumando otros más, como por ejemplo, tener que ir, como una nueva obligación, a la orilla del río de madrugada, o muy entrada la noche, para pescar con la red y levantarse en la mañana temprano a vender los peces para contribuir a mantener la casa. Esto no es que era malo, lo malo estaba en que todas estas responsabilidades fueron pasando de los miembros de la familia Negro, a ser responsabilidad exclusiva de Pali, cosa que a todas luces no era justo, pues se trataba de responsabilidades compartidas. Cada vez se fue quedando con mucho menos tiempo libre y además los asedios y maltratos por parte de Jonás de igual manera, lejos de disminuir, se mantenían en el desayuno, almuerzo, cena y por la noche "el desengrase", como lo decía en forma jocosa el mismo Pali.

El niño, lejos de ser una persona amargada, distraída o frustrada, lucía como una persona normal y lúcida, además mostraba una madurez ajena a cualquier persona de su edad, tenía responsabilidades que demandaban el carácter de alguien mayor, entre esas la de ir a prima noche a lanzar la red para cazar peces y, si no le iba bien, tenía la obligación de volver en horas de la madrugada, entre las 3 y las 4 a. m., para pescar lo suficiente para levantarse muy temprano e ir por todo el pueblo con una batea en la cabeza ofreciendo el pescado que, por lo general, se trataba de unas cantidades razonables de robalos, lisas, lebranchos, corvinas de agua dulce, mojarras, bobos, roncos, etc. La carga no era nada liviana. Una vez terminada la venta, Pali entregaba el dinero a la señora Rosa, o al tío Julio, e inmediatamente tenía que prepararse para ir a la escuela. Luego debía comer algo para irse a la roza, allí lo esperaba el tío Julio con una tarea que podía ser, entre otras, limpiar la yuca, chapear plantones de plátano, limpiar las plantas de ñame o ñampí, la limpieza del arroz, de los frijoles chiricanos, las jabitas (habitas), los guandúes, o cualquier otro cultivo, dependiendo de la época del año. Le correspondía entonces volver en horas de la tarde a la escuela, y regresar para ayudar al tío Julio en los quehaceres de la roza.

Los sábados tenía que pilar tanto arroz como para llenar un tanquecito blanco, plástico, de los que se usaban para envasar rabitos de cerdos, con lo que evitaba tener que realizar esa labor todos los días. Y junto a eso le quedaban las actividades de los primeros días: hacer y deshacer la cama del señor Jonás.

Todo eso lo enfrentaba con valentía, sin reproches, sin quejarse por nada, solo pedía al Dios de su madre Agustina y a su madre, que le dieran la fuerza necesaria para seguir adelante.

Llega un nuevo miembro a casa de la familia **Negro**

La vida en el pueblo de Carabaluca continuaba. Pali seguía con sus días atareados y cada vez más llenos de ocupaciones; sin embargo, no nada podía disminuir la fuerza que imprimía en Pali cada una de las conversaciones con el tío Julio, cada una de las cuales se convertía en una lección de vida, y le daban al niño una gran fortaleza de ánimo, sumada a una higiene mental inigualable.

Por aquellos días apareció en la familia Negro uno de los hijos del tío Julio, quien no era hijo de la señora Rosa Ortega y tampoco vivía con la familia. Se trataba de Hermes, un hombre que a primera vista podía conceptuarse como misterioso, de estatura mediana, piel oscura, contextura que podríamos considerar ni fuerte ni débil, dueño de un léxico bastante fluido y a quien le gustaba refinar cada una de las palabras que utilizaba.

Desde que llegó Hermes a casa, a Pali le pareció estar en presencia de un hombre extraño, de convicciones diferentes a las de la mayoría, un poco inclinado a lo que era justo, y un poco reacio a aceptar situaciones de injusticia, aun cuando no tuviesen nada que ver con él. Aunque ambos no hicieron amistad de inmediato, tampoco fueron indiferentes uno con el otro; sin embargo, al niño le llamaba la atención que el tío Julio, una vez estuvo en presencia del nuevo integrante, le leyó la cartilla con un énfasis único, haciéndole recordar todas y cada una de las normas establecidas en su casa. Además, advirtió que entre los miembros de la familia se generó como una sensación de alboroto, que no parecía ser una recepción plena de Hermes.

A pesar de todas aquellas situaciones, Pali tenía suficientes problemas de índole personal como para preocuparse por una nueva. Para qué preocuparse por la llegada de un miembro más, si al final de cuentas él tampoco era un miembro real de la familia.

En eso ocupaba su pensamiento por lo que no se dio cuenta de que el tío Julio se acercaba, hasta o tenerlo en frente. "Debemos hablar", le manifestó, pero sin la expresión tierna de siempre. Eso hizo suponer a Pali que debía haber cometido algún error o realizado alguna actuación que no era buena a la luz de las exigencias del tío.

"Ya has visto que ha llegado a la casa Hermes", dijo el hombre, "él es mi hijo, habido en mi matrimonio anterior, y creo que has podido percibir que su llegada ha causado cierto revuelo en la familia". El niño se mantuvo en silencio, a medida que el hombre continuaba hablando.

"Quiero que sepas que ese revuelo es más que justificado, Hermes no solo se caracteriza por no portarse bien, sino que sus malos comportamientos lo han llevado a estar un largo tiempo preso en la cárcel pública de Colón. No quiero que pienses que soy de las personas que asumen que una persona porque fue a la cárcel por alguna razón, se puede catalogar como una mala persona; no, de ninguna manera. Estoy convencido de que todos estamos expuestos a cometer errores y que algunas veces esos errores nos pueden llevar a la cárcel. Pero te puedo asegurar que yo sería el último que quisiera hablar así de uno de mis hijos. Hermes no es bueno y no te quiero cerca, ni en andanzas con él. No quiero volverte a repetir esto, no es que desconfíe de ti, sabes de sobra que siempre te he dado mi entera confianza y espero que siempre puedas contar con ella. Igual quiero que tengas en claro que lo cortés no quita lo valiente", en consecuencia, lo que te acabo de decir no significa que no puedas hablar con él, por el contrario, si te habla o te pide algún favor que esté a tu alcance y que no implique acompañarlo a ninguna parte, perfecto. Pero nada más allá de eso".

Pali seguía escuchando al tío Julio, sin intervenir. "Él ya tiene su mala fama, en el pueblo y fuera de él, y no quiero que la gente por verte con él, piense que eres de la misma calaña; ten en cuenta el adagio: Dime con quién andas y te diré quién eres. Te conozco y sé hasta dónde das; sé que eres incapaz de realizar malos actos, pero el resto de la gente poco te conoce o te está conociendo ahora, y tu buena reputación como tu buen actuar son mi responsabilidad, pues para mí eres como un hijo o cuidado más que un hijo".

"Qué gran honor", pensó Pali, "qué más quisiera yo que tener un padre como el tío Julio, nada parecido a mi propio padre, el señor Justo, quién sabe dónde estará ahora mismo, lo más seguro que tomando o fumándose un bate de kenke".

Pero, dentro de todo, lo importante era que Hermes, por malo que fuera o que se comportara, le sirvió para darse cuenta de que el aprecio, el cariño y el amor que aprendió a sentir por el tío Julio, no era de un solo lado, sino que el tío también tenía el mismo sentimiento hacia él, sentimiento de un verdadero padre, y así se lo escuchó confesar, gracias a la llegada de Hermes.

CAPÍTULO 7

Hermes y su relación con Pali en casa de la familia Negro

Señor:
enséñame que perdonar es un signo de grandeza
y que la venganza es una señal de bajeza.

MAHATMA GANDHI

Hermes se encontraba en casa de su familia, tan cerca de Pali que era muy difícil no tener contacto. Era un hombre muy raro, pero Pali no dudaba de que era un hombre de carácter fuerte y que, a pesar de ello, tenía una inclinación bastante amplia para con lo justo y la necesidad de dar cabida a la justicia. Quizás eso tenía relación directa con los hechos que lo llevaron hasta la cárcel. Resultaba curioso que el tío Julio le señalase con mucho énfasis que no debía relacionarse con Hermes, y no realizar andanzas ni nada parecido con aquel personaje, pese a tratarse de uno de sus hijos.

Para sorpresa de Pali, el comportamiento de Hermes dejaba en claro que el tío Julio no le había hecho la misma advertencia, pues él no desaprovechaba oportunidad para cruzar palabras con, sobre todo, cuando se le presentaba un rato libre, que no era muy a menudo, pues Pali tenía un día verdaderamente apretado.

"¿Así que tú eres hijo de la tía Agustina?", preguntaba Hermes. "Así es", contestaba Pali con cierta timidez. "Siempre me llevé muy bien con ella mientras vivió, al grado de que alguna vez concurrí a su casa, y también me tocó ayudarla en la roza, porque tendrás que aceptar que tu padre Justo, nunca fue en realidad un gran trabajador; se trataba de un hombre muy flojo, de allí que nuestra abuela, la difunta Petra, nunca quiso que tu madre, mujer más de trabajadora, se uniera con él; pero cuando la gente se enamora no hay quien la haga razonar, y algo de ello pasó con tu señora madre". Esto era nuevo para Pali, siempre escuchó de sus tíos y tías, y en especial de su tío Sebo, que él no serviría para nada, que sería igual de flojo y haragán que su padre. Ahora podía entender parte de esas palabras; pero quiso escuchar otras revelaciones: "¿Qué más sabe usted de mi padre?" "Bueno, podría contarte un sinnúmero de historias; pro en su mayoría no son las mejores, y dice mi papá que jamás debe hablarse mal a un hijo de sus padres; por eso prefiero contarte hasta ahí".

Pali se quedó un rato pensativo, Le llegó a la memoria las muchas veces que quiso entablar una conversación con su tío Julio sobre el señor Justo, y el tío Julio siempre lo eludió. Ahora podía entender con claridad el porqué.

Quedaba en evidencia que lo hacía para no hablarle mal de su padre; pero motivó en el niño la necesidad de indagar sobre cuáles eran esas cosas tan malas de quien nadie le quería hablar. Él conocía la fama de fumador de kenke de su padre, pero no mucho más; también la relación que tenía con la señora Monogonia, y era consciente de que Justo siempre mostró mayor preferencia por sus hijastros que por sus hijos, al grado que solo se responsabilizó por el menor de ellos al morir Agustina.

Lo normal era que su padre hubiese aceptado enfrentar las obligaciones inherentes a sus hijos, y permitirles por lo menos la ocasión de vivir juntos. "En realidad esto no habla muy bien de mi padre", pensó Pali.

Poco después Hermes lo hizo salir del pensamiento al preguntarle: "Me dijo papá que en la escuela te va muy bien". "Es cierto", contestó el niño, "tengo como objetivo llegar a la universidad y graduarme". "Qué bien, pero eso no es nada fácil, sabrás que papá siempre quiso que uno de nosotros llegara a la universidad, pero el pobre se va a morir con ese pesar; no solo no llegamos a la universidad, sino que, como ves en mi caso, lo que le he traído siempre han sido problemas. A pesar de todo, nunca me ha dado la espalda, ni siquiera ahora, que he vuelto de la cárcel. Él me ha brindado la oportunidad de quedarme por el tiempo que sea necesario",

Pali pensó que el cariño, el amor y el gran respeto que había aprendió a sentir por el tío Julio, no estaban mal fundados, Solo una persona de enorme corazón era capaz de llegar a tanto y a perdonar todo, sin recibir nada a cambio. Luego se atrevió a preguntar. "¿No te duele causar tanta pena a un buen hombre, que es tu padre?"

Hermes meditó antes de responder: "Eres un muchacho atrevido y osado; no cualquiera se atreve a hacer una pregunta como esa a Hermes Negro. Ya te darás cuenta por qué te digo esto. Pero, en realidad, sí me da mucha pena, no creo que el viejo se merezca eso; sin embargo, algunas veces la vida nos juega pasadas que no esperamos, sin tratar con esto de evadir la gran responsabilidad que tengo... Pero, por favor, hablemos de ti, de la escuela, de qué quieres hacer cuando grande, cómo van las novias y, de repente de lo que podríamos hacer juntos".

En ese momento Pali estuvo tentado a decirle que no iban a poder realizar nada juntos, por la advertencia del tío Julio, pero no, para qué sembrar cizaña entre padre e hijo, y menos si apenas comenzaban a tratarse después de una larga separación.

Continúa la conversación de Pali con Hermes

Pali estaba seguro de dos cosas: la primera que tendría que aprender a vivir durante un tiempo enfrentando a Hermes y a sus conversaciones; y la segunda, que tendría que evitar a toda costa tener que ir a cualquier parte con él para evitarse inconvenientes con el tío. Gracias a Dios que su día estaba muy comprometido, sobre todo fuera de casa de la familia Negro. La conversación continuó con una nueva pregunta suya: "Me has dicho que conociste muy bien a mamá, ¿como la considerabas a ella?" Hermes se quedó pensativo un buen rato, y luego contesto: "Entre las tías que tuve, y te puedo decir que eran muchas, porque de madre estaba la tía Isabel, la tía Máxima, la tía Cutacho, la tía Fula, la tía Agustina, todas hermanas de mi mamá Atilana, pero con propiedad te puede decir que entre todas ellas la preferida era tu madre, la tía Agustina. Era mujer de corazón emprendedor; que lástima que quedó atrapada por un hombre de poco corazón, que no la apreciaba en su justa medida. Tu padre Justo nunca me cayó bien, sin embargo, a la tía Agustina la quería porque ella tenía parecido a mí, en lo poco bueno que tengo en mi manera de ser, y es que si puedo definirme en una frase, sería que nunca dejamos nada a Dios. Quiero que entiendas esta frase muy bien, y le des el sentido literal en que te la estoy diciendo, no quiere decir de ninguna manera que no creemos en Dios, es que somos personas que no aguantamos nada a nadie, y todo lo relativo a nuestras vidas lo queremos resolver aquí, y no somos como otras personas que todo se lo dejan a Dios".

En ese momento Pali se dio cuenta de que en verdad Hermes conoció y convivió con su madre, recordando que su madre Agustina tenía un genio tan fuerte que no aguantaba nada de nadie, y por otra parte, cuando tenía amor por algo o por alguien, lo entregaba todo por ello; no podía comprender cómo pudo su madre vivir tantos años con un hombre como su padre, que era tan distinto a ella.

Sí, Hermes era su primo, y primo de verdad, porque pese a que el tío Julio no era tío consanguíneo, Hermes sí era su verdadero primo, porque la señora Agustina era la hermana menor de la señora Atilana, madre de Hermes. "Ella era una mujer que por sus hijos lo daba todo, durante el tiempo que estuve aquí, antes de tener mis problemas, siempre estaba cerca a la tía Agustina, y era fiel testigo del trabajo que realizaba para que ninguno de ustedes fuera a la cama con la barriga vacía, se fajaba en las rozas de los diferentes familiares para que al final le pagaran con granos o verduras para que ustedes pudieran comer, así mismo iba a la playa cuando se estaba chinchorreando, y se pegaba a las sogas del chinchorro como un hombre, para que al final de la pesca le tocara su porción de pescado, para que ustedes no tuvieran que comerse los granos y las verduras sin ningún tipo de carne, eso me enseñó a mí, a admirarla".

Y Hermes continuó recordando a la difunta: "Ella era una mujer con marido, pero que en el plano práctico era como si estuviese soltera, puesto que tu padre mucho o nada hacía para resolver los problemas diarios de ustedes, y cuando cobraba en la compañía aceitera Ámsterdam, todo su dinero lo gastaba en sus vicios. Por otra parte, tu madre no era de las que le gustaba pedir, todos sus problemas, que eran muchos, siempre los dejaba en la puerta de su rancho hacia adentro y ustedes ni nosotros sus sobrinos o amigos que la frecuentábamos, estábamos autorizados para contarlos, y si alguna vez lo hacíamos, era suficiente motivo para alcanzar su enemistad".

Pali lo interrumpió en ese momento para decir: "En verdad conociste a mi mamá, nosotros podíamos estar muriendo de hambre o padeciendo cualquier problema en casa y teníamos que decir a los tíos que ya habíamos comido si preguntaban, porque ella decía que quien quiere dar no pregunta, simplemente da". Hermes lo miró antes de añadir: "Ya está bueno de que estemos hablando de la tía Agustina; dime: ¿qué te gustaría hacer cuando grande?". "Te dije que quiero llegar a la universidad, y además quiero ser como mi papá". "No entiendo, ¿cómo así?" preguntó Hermes intrigado. "Quiero ir a tirar machete en la compañía", declaró Pali con una muestra de gran orgullo, como si ir a la Ámsterdam a trabajar tirando machete era una gran cosa; Hermes volvió a decirle: "Oye, es incompatible ir a la universidad para trabajar tirando machete". "Es que iré a la universidad porque es un gran anhelo del tío Julio". Esa respuesta dejó a Hermes muy pensativo; luego le dijo:"Acabo de recordar que debo realizar algunos mandados; ya seguiremos hablando en cualquier otra ocasión".

CAPÍTULO 8

La vida de Pali continúa en casa de la familia Negro

SALMO 32

Pali no estaba enterado de las razones o actuaciones que llevaron a Hermes hasta la cárcel, pero sí tenía pleno conocimiento de que nada bueno era, de otra manera no se justificaba que el tío se hubiese tomado el trabajo de advertirle que no quería verlo con Hermes; sin embargo, Pali no dejaba de aceptar que algo tenía aquel hombre que no le caía del todo mal, sin olvidar la advertencia.

Con relación a los quehaceres escolares, cada vez era más querido y apoyado por los compañeros, por los maestros, los de su grado e incluso, aquellos que no le daban directamente clases; también había logrado conocer a una señora a quien el pueblo llamaba "Mamatita", y no era para menos, se trataba de un ángel, una mujer de edad avanzada, pero con un carisma increíble. Los del pueblo y los que venían de fuera se la pasaban hablando de la señora Mamatita, a quien también conocían como "la tía Tita".

Pali quedó flechado con aquella señora desde el primer momento en que la conoció, al grado que como ella siempre estaba vinculada con la iglesia, siempre tenía actividades que se hacían entre la escuela y la iglesia, lo que le permitió acercarse a la señora y desarrollar una verdadera amistad con ella.

Aún bajo difíciles condiciones, Pali continuaba en casa de la familia Negro, por dos motivos fundamentales: el primero, no quería por nada del mundo lastimar a su tío Julio, quien constituía una verdadera figura paterna para él; y en segundo lugar, no tenía adónde ni con quién irse, entonces quedaba claro para él que las alternativas eran pocas o ninguna, solo podía continuar bajo aquellas adversas condiciones y lo que era peor sin tener claro hasta dónde ni hasta cuando, pero al menos ahora sabía que había algo nuevo y diferente que su mamá en ocasiones le dejó claro: la existencia de un Dios Todopoderoso, que no importaba bajo qué condiciones siempre estaba con nosotros y que siempre ponía un ángel en nuestros caminos.

En su caso, estaba seguro de que ese ángel era el tío Julio, Mamatita le inculcó que tuviera confianza en Dios, que Él no solo lo veía todo, sino que además lo sabía todo: "Mi hijo, no desmayes, que algún día y en algún momento Dios te gratificará". Esas palabras eran muy parecidas a las que, algunas veces, oía a su madre Agustina cuando conversaba con sus hermanos mayores cuando le exigían algunas cosas que ella no podía conseguir. "¡Ay, mis hijos! Tengan fe en nuestro Dios, que algún día esto va a mejorar". Sin embargo, no hubo tales mejorías; pero tampoco tenía motivos para quejarse de ese Dios de su madre, del de su tío Julio, y que ahora también era de Mamatita, y quien siempre lo mantenía con una salud de hierro.

Ahora lo conocía desde más cerca, puesto que algunas veces se escapaba para ir a ayudar a Mamatita en la iglesia, lo que el tío Julio veía con buenos ojos, pero que el resto de la familia Negro lo calificaba como ganas de vagabundear.

A pesar de ello, siempre se daba su escapadita para ir a la iglesia, que no estaba lejos; tampoco existía gran distancia entre la casa de la familia Negro y la de Mamatita; unos cincuenta o sesenta metros cuando mucho; pero de noche era una pasaje oscuro, porque para esos tiempos no se contaba con energía eléctrica, y debían alumbrarse con mechones, guarichas, lámparas de querosene o antorchas.

Por otra parte, las relaciones con Jonás empeoraban; algunas veces, cuando Pali llegó a entretenerse en las conversaciones o en los quehaceres con Mamatita, ya fuera en casa de ella o en la iglesia, y no le hacía a tiempo a Jonás su apreciada cama, él se las arreglaba para dejar a Pali fuera de la casa, no le permitía entrar, y como todos en su mayoría dormían temprano, tenía que arreglárselas para dormir afuera, en el tambo, donde tenía que hacerse una cama debajo del piso, con lo que encontrara, o dormir sobre la tierra. Cuando era tiempo de verano, en las noches soplaba el viento del sur, o de tierra, al que en el pueblo conocían como "Benito", y eran las peores noches, porque, sumado al miedo que dormir afuera, Pali tenía que hacer frente al frío intenso del viento del sur.

Para enfrentar y lograr que el viento no le impidiera dormir, Pali tomaba el pilón que se usaba para descascarillar el arroz, y lo colocaba de frente hacia donde soplaba el viento, y luego se acostaba justo en la parte de atrás. Y no solo debía enfrentar el miedo, y las inclemencias del tiempo, sino las reprimendas del tío Julio, por la irresponsabilidad de no cumplir bien con sus obligaciones, porque a causa del poco sueño que lograba conciliar a la intemperie, o debajo del tambo, amanecía trasnochado y se quedaba dormido en cualquier oportunidad.

En esas ocasiones tampoco podía ir a atarrayar y por lo tanto no había pescado para vender, tampoco tenía ánimos para ir a la escuela, por lo cual debía enfrentar al tío, para quien la irresponsabilidad era intolerable y menos si se trataba de su "obra maestra", Pali, porque así lo percibía, sobre todo porque se hallaba empeñado en llevarlo hasta la Universidad.

Pali se gradúa del sexto grado

Con el transcurso del tiempo y, en medio de los ajetreados y complicados días que integraban la vida de Pali, él no dejaba de poner verdadero empeño en todo lo que guardaba relación con su escuela. Así llegó a vencer el primer obstáculo: alcanzó el certificado de sexto grado de primaria, y la maestra que, por cierto, ya no era la bella maestra Marina, sino la maestra Anastasia, de mediana edad con aspecto de mujer de campo, de facciones delicadas y una fortaleza palpable, siempre dispuesta para ayudar a sus semejantes, y con Pali no fue la excepción.

Cuando la maestra Anastasia comenzó a realizar los arreglos para llevar a cabo los actos de graduación de sexto grado, se enteró por boca de algunos compañeros de Pali que él no iba a participar porque no tenía ropa adecuada para la ocasión, y no quería solicitarla a su tío Julio.

Mitre, como cariñosamente todos los del pueblo llamaban a la maestra Anastasia, planeó una estrategia para que Pali asistiera al acto. Ella tenía previsto que todos sus alumnos de sexto grado se graduaran juntos en una ceremonia organizada varios meses antes de diciembre, y de ninguna manera iba a aceptar que uno de ellos se ausentase de la ceremonia, mucho menos Pali, a quien ella conocía por todas las peripecias y calamidades que pasaba en su vida y todos los sacrificios que el muchacho y su tío Julio realizaban para que pudiera asistir con puntualidad a clases, Algo debía hacerse para que Pali pudiera participar del acto, porque debía agregarse que él ostentaba uno de los puestos distinguidos, por lo que ella no podía conformarse con dejarlo fuera de la ceremonia.

Con ayuda de algunos padres de familia de la comunidad, la maestra Mitre logró conseguir un uniforme que no era nuevo, pero que estaba mucho mejor que el de uso diario de Pali, para que pudiera asistir a su graduación, y algo similar hizo para que contara con unos zapatos marca Sandak, bastante utilizados en la escuela primaria por esos días. Esos calzados eran de caucho, con una serie de orificios muy pequeños en la su parte frontal que les permitían airearse cuando el sol era muy intenso, pero que en pleno sol eran difíciles de aguantar pues se calentaban, y cuando llovía a través de los orificios entraba el agua; y no era el hecho de mojarse los zapatos lo que preocupaba a sus dueños, sino que una vez pasada la lluvia el mal olor que despedían era para salir corriendo.

Así pues, Pali se mostró muy entusiasmado, puesto que se trataba de su primer paso para poder lograr una de las grandes metas en la vida: la universidad.

Pali en la ceremonia de graduación de sexto grado

Llegó el día de la graduación y, a pesar de todo lo vivido, Pali sentía que era un día para festejar, y nada ni nadie podía quitarle esa alegría. Solo que él aún no era consciente de que los seres humanos somos víctimas de los designios de Dios y de las circunstancias, como siempre se lo recalcaba el tío Julio. Y aquel día de la ceremonia de graduación no fue la excepción. Cuando fue al cuarto de la casa que compartía la señora Rosa con su tío Julio, ella le hizo saber que él había amanecido con una fiebre terrible y unos dolores de cabeza insoportables, y que pensaban que se trataba del inicio de una fuerte gripe.

No era posible, se decía el niño, "¿cómo puede ser que en un día tan especial como el de mi graduación, el verdadero artífice de la graduación no pueda estar?" De ninguna manera, el tío Julio tenía que compartir esa alegría con él, porque si no, de qué valdría tanto sacrificio. Enseguida le dijo a la señora Rosa que era necesario que le permitiera hablar con el tío, pero ella le respondió que mejor que no lo hiciera porque podía contraer la gripe. Él contestó que no importaba, e insistió tanto que la señora Rosa le dijo: "Allá tú, cuando te enfermes no podrás decir que no te lo advertí" y se alejó de la puerta del cuarto. Pali se introdujo en la habitación y alcanzó a ver a su tío bastante afligido, la verdad que lucía muy mal.

Le preguntó: "Hola tío, ¿cómo te sientes?" El hombre respondió de una manera amable, pero triste: "Muy mal, hijo. ¿Te das cuenta de que las enfermedades son iguales a la muerte? Jamás nos avisan cuando van a llegar… y ya ves qué día eligió esta para llegar, precisamente en el de tu graduación".

Pali volvió a preguntarle: "¿Podrás ir, verdad?". El tío se notaba afligido: "Ay, mi hijo, qué más quisiera yo; pero el hombre propone y Dios dispone. Debemos aceptar ante todo la voluntad de nuestro Dios. Pero no debes preocuparte, tú sabes que yo estaré en casa pensando en ti, y mi corazón y mi alma estarán contigo, recuerda nuestro pacto, por lo tanto irás a esa graduación y recibirás ese diploma y me lo traerás acá a mi casa, especialmente a mi cama, para que gocemos los dos, porque implica la primera etapa y la más importante de nuestro propósito de llegar a la universidad".

Luego, de un largo y tenso silencio, se abrazaron y lloraron juntos, en aquel momento Pali no sabía si lloraban de felicidad por el logro alcanzado, o por la amargura de que el tío Julio no podría asistir al acto de graduación.

Su graduación era un acontecimiento a juicio de ambos, resultaba muy importante asistir, constituía una cita con el presente, con la continuidad, una cita con el futuro, y no solamente con el futuro, sino una cita con el comienzo de un futuro mayormente prometedor.

Pali salió del cuarto para prepararse, de seguro en la graduación estaría la directora de la escuela, la maestra Viviana, el alcalde de Chagres, la capital de Carabaluca, y también estaría el señor Muñoz, corregidor y máxima autoridad del pueblo, junto al seño Lino, regidor del pueblo, a quien los muchachos le llamaban por apodo "Lino Pipa", aunque nunca se supo el porqué de aquel apodo tan raro.

Lo cierto es que Pali comprendía lo grande e importante que era aquel evento. "Que lástima que no está mi madre, para que pudiera compartir conmigo este momento, o mis hermanos, ¿dónde estarán? ¡Cómo me gustaría que me acompañaran en una fecha tan importante como hoy!".Y de pronto la tristeza lo embargó. ¡Qué pena¡, tendría que ir solo, puesto que al parecer para los únicos de la familia Negro que aquel día resultaba importante era para él y el tío Julio, que se encontraba enfermo.

Entre pensamientos, añoranzas y situaciones nostálgicas, Pali se dirigió al aula máxima de la escuela del pueblo, ubicada a un lado de la una carretera que partía al poblado en dos: un sector era conocido como "La Zona" y el otro como "Jamaiquita"; en este último se ubicaba la casa de la familia Negro, y la escuela quedaba como a unos 500 metros de la casa, en una loma, cuya parte superior era plana, lo bastante grande como para que en ella quedara la escuela, que contaba con veinticuatro aulas, además de área de sanitarios y un pequeño gimnasio que cumplía con los elemento básicos, pero muy básicos para la práctica de ciertos deportes.

Camino a la escuela, la tristeza de Pali iba en aumento. Eso resultaba paradójico, pues debía sentir felicidad con la graduación; pero en el camino se iba encontrando a sus compañeros, celebrando llenos de alegría, y ellos iban acompañados por familiares o por sus padres.

Pese a ello, estaba dispuesto a no dejarse dañar el día, llegaría a recibir su certificado, nadie lo merecía tanto como él, y nadie le iba a impedir que subiera allí y recibiera su certificado, ni siquiera ese horrible sentimiento que sentía por segunda vez, y la enorme tristeza que lo embargaba porque nadie estaba acompañándolo.

En el aula máxima de la escuela empezó el acto con la ceremonia y los discursos. Entregados los diplomas, y llegado el turno de Pali, se entera, para su mayor tristeza, que es uno de los alumnos de puesto distinguido del sexto grado A, y que por tal razón se hacía acreedor a una beca. Y él, que no tiene a quien abrazar, recibe las felicitaciones y los aplausos de todos los allí reunidos, de todos, pero no hay un solo miembro de su antigua ni de su nueva familia.

Pali vuelve a casa de la familia Negro después de la ceremonia de graduación. Muchos son los que celebran el logro de la graduación, los muchachos corrían, gritando de alegría; sin embargo, Pali mantenía ese extraño sentimiento de tristeza, aun cuando sabía que entre tantos sucesos ocurridos, las cosas no iban tan mal: y el tío Julio tendría la oportunidad de no trabajar tanto, pues le explicaron que eso de la beca consistía en la entrega periódica de una suma de dinero que debía destinarse por entero a la compra de útiles escolares y a gastos vinculados con la escuela.

Bajo el efecto de esta sensación, llegó a casa y de inmediato se dirigió al cuarto del tío Julio, quien lo recibió con una gran sonrisa y un gran abrazo, sonrisa que a todas luces se esforzaba por mostrar, porque se notaba que la gripe lo golpeaba duro; pero se sentó al borde de la cama y le dijo: "acércate, créeme que comprendo la profundidad de tu tristeza y, de igual forma debes de creer que daría la mitad del resto de los años de mi vida que me quedan para que nunca hubieras experimentado una situación como la de hoy. La soledad no es buena compañera y menos en los momentos que creemos importante, por lo menos para nosotros, estoy seguro de que en el momento cumbre de la graduación, querías verte acompañado, como es natural, por tus padres y hermanos; es una lástima que eso no pudiera ser, y como si fuera poco, esta terrible gripe tampoco me ha permitido acompañarte. Qué pena, pero aún bajo estas circunstancias, espero hayas aprendido la lección".

Mientras el tío Julio hablaba, Pali, además de prestarle la debida atención, pensaba que cómo podía ser posible que ese señor que no estaba dentro de él pudiese saber con precisión lo que pensaba y lo que sentía.

Y hasta se le ocurrió pensar: "¿Qué poderes sobrenaturales tiene el tío Julio, que no me ha hecho conocer?" En medio de aquellos pensamientos, el tío continuaba: "La lección es evidente y has de aprenderla con la amplitud necesaria, a pesar de tu corta edad. Algunas veces, la realidad sobrepasará nuestros deseos y nuestros sentimientos; esta es tu realidad: estás solo en la vida, y un muchacho que anda solo por la vida ha de aprender a valorar, porque cuando nosotros aprendemos a valorar en todo sentido tenemos una mejor oportunidad para vivir. Quien sabe valorar, con facilidad sabe cuando está frente a una buena o mala oportunidad; o a una buena o mala persona; es decir, cuando una persona se le presenta como amigo y en verdad lo es; cuando está frente a una situación que demanda una u otra actitud; cuando vale o no la pena tomar un determinado riesgo. Entonces, como ves, el saber valorar es un conocimiento de vida o muerte en muchas ocasiones, por no decir que en todas, y eso es importante tenerlo en cuenta, sobre todo cuando se está solo".

El tío hizo una pausa, observando el semblante del niño, antes de retomar la palabra: "No te sientas triste, tu certificado tiene para mí una significación doble, a pesar de que no tienes una vida que pudiéramos llamar regular, normal como otros niños, has dado la talla; y como si fuera poco, ya sabía de antemano lo que lograrías, porque siempre iba a la escuela para saber de ti, y supe que obtendrías una beca, Nada de lágrimas ni de tristeza, me has demostrado que no solo mi sacrificio no ha sido en vano, sino que además no me equivoqué contigo y puedo seguir confiando en ti; por otra parte, comprendo que estoy frente a un hombrecito con sentimientos, y eso es muy importante".

Las preguntas llenaban la cabeza del muchacho: "¿Cuándo y en qué tiempo el tío Julio iba a mi escuela, si yo nunca lo he visto? ¿Cómo hizo para hablar con la maestra Mitre, sin que yo lo haya visto? Ella siempre en la escuela estaba con nosotros, cosa rara en verdad..."

"Hoy puedes tomarte el día libre jovencito, te lo mereces. Puedes hacer con tu tiempo lo que quieras, pero ese 'lo que quieras' deberá ser bien entendido, ahora eres un hombrecito mejor preparado".

Pali, esbozó una sonrisa, y respondió: "Gracias, que te mejores pronto", a lo que el tío contesto: "Te quiero mucho".

Pali salió del cuarto del tío muy aliviado; ahora tenía claras algunas cosas, y las más importantes, a su juicio, eran que él tenía que acostumbrarse a que, aunque en el plano objetivo tenía hermanos y padre, a la vez estaba solo, porque de seguro cada uno de sus hermanos estaba muy ocupado librando su propia batalla, dado que la vida de ellos no tenía por qué ser diferente a la suya, si estaban bajo la misma condición, en el mismo barco, huérfanos de madre, separados del resto de sus hermanos y con un padre como Justo, al que nada ni nadie le importaba.

Esto imponía que aceptara que no iba a ser ni la primera ni la última vez que le tocaría enfrentarse solo a situaciones importantes de su vida. Y la otra gran lección que en efecto había aprendido, era que el hecho de valorar lo poco o mucho que se tiene es más importante que añorar o preocuparse por lo que no se tiene.

Qué felicidad y qué alegría de tener en todo momento a su lado y dispuesto a todo por él a un "Ángel de la Guarda" a un hombre sabio, a su tío Julio, un gran regalo de Dios.

CAPÍTULO 9

La vida continúa

*La verdadera inteligencia y capacidad del ser humano
no está en las notas y calificaciones que pueda ganar
en un aula de clases, la verdadera inteligencia y capacidad
del ser humano radica necesariamente
en la capacidad para adaptarse a una situación u otra.*

EL TOZUDO (seudónimo)

Pali no solo contaba ahora con un certificado de sexto grado, sino que además se había hecho acreedor de una beca. Luego de realizar las investigaciones pertinentes, con la irremplazable ayuda y compañía del tío Julio, logró averiguar que se trataba de una beca que entregaba una entidad estatal denominada Ifarhu (Instituto para la Formación y Aprovechamiento de los Recursos Humanos). La ayuda consistía en la suma de cuarenta y cinco balboas cada tres meses, en otras palabras el dinero solo sería recibido por Pali durante el período de nueve meses en que asistiría a la escuela.

De igual manera, si tenía un resultado irregular o no satisfactorio en el año escolar, podría cesar el beneficio asignado, y lo mismo sucedería en caso de deserción escolar. Pali supo de todos esos detalles, pero nada de ello le preocupaba, pues en lo que se relacionaba con la escuela no tenía por qué preocuparse. En primer lugar, el hecho de ir a la escuela era una promesa que debía cumplir a su tío Julio y, en segundo, ahora era su propio deseo para conseguir llegar a la Universidad.

"¿De qué me ha servido la escuela?", se preguntaba; pero luego él mismo se respondía esa pregunta: "Claro que me ha servido, ahora tengo maestros, maestras y hasta padres de familia, aparte de Mamatita, esa tía con la que he aprendido a compartir muchas cosas, incluso cosas de Dios, el Dios de mi madre, y del tío Julio. No hay dudas de que la vida sí ha tenido sus cambios", concluía el niño.

De repente, fue sacado de su propia reflexión, cuando se le presentó Hermes: "Ya sé que te graduaste de sexto grado, y con honores; te felicito. Qué gran alegría le has dado a nuestro padre; eso te lo voy a agradecer siempre. Pero prepárate, la secundaria será más difícil y si tomamos en cuenta que mi papá, que es el que te ayuda, no es hombre de grandes recursos, entonces no veo que te resulte muy fácil".

El niño le contestó: "He conversado con el tío Julio y me ha dicho que no me preocupe, que de seguro de "algún cuero salen las correas, y que no las ingeniaremos para que yo pueda seguir asistiendo a la escuela. Además, ahora contamos con una beca". "Ah, qué bien; de verdad me alegro, no dejes de ir a la escuela, estoy seguro de que si continúas por esa línea, tendremos un verdadero profesional en la familia".

Estas palabras aumentaban la confianza de Pali. Ese día tenía la responsabilidad de encontrarse con el tío Julio en la roza, ya recuperado por completo de la gripe. "Tenemos que hacer planes para que ingreses al colegio, y creo que tu mejor opción es que te quedes en el colegio José Pablo Paredes, aquí mismo, en el pueblo. De ese modo podrás seguir ayudándome, y colaborando en los quehaceres de la casa. No tienes idea de cuánto alivio y descanso me has traído al tomar como tuya la responsabilidad de tarrayar a diario. En mis hijos no tengo ninguna esperanza, antes de que asumieras esa responsabilidad la tenían, de manera compartida, Jonás y Nilo, y ni uno ni otro lo hacían de manera tan responsable como tú, y no solo eso, tampoco cuando lo hacían reportaban tanto dinero. De verdad, te lo agradezco Pali; quiero que sepas que, para mí, tu aparición ha sido un regalo de Dios, una verdadera bendición".

Pali, no pudo pronunciar palabra. Siempre vio la necesidad de tarrayar y de realizar la venta del pescado todas las mañanas como una de sus obligaciones más difíciles; sin embargo, nunca renegó de ella, pero tampoco sospechó que en el fondo ayudaba de una manera tan decidida e importante a su tío Julio, una persona por la que, sin pensarlo, era capaz de dar la vida y toda su sangre.

"Ya he ido a conversar con el maestro Ellis Mathew, porque debes saber que él vino a verme para dos cosas: primero, para saber en qué ambiente vives, porque piensa que en tu mirada siempre hay tristeza; y, en segundo lugar, porque quería hablar con la persona responsable de ti, para pedirle que por ninguna razón dejemos de mandarte a la secundaria. Él sabe que muchos estudiantes de primaria, por no decir la mayoría, se conforman con graduarse del sexto grado. Se puso a mi disposición si necesito cualquier ayuda para que sigas asistiendo a la escuela. Por lo tanto, necesito saber si en verdad hay tristeza en ti, y de haberla quiero que me hagas saber qué te la causa. Espero que no se trate de que trabajes mucho, pues estoy consciente de eso; pero, como sabes, las cosas están duras y con mis hijos poco o nada puedo contar".

Por primera vez Pali se vio tentado a decir al tío Julio todos los sinsabores que experimentaba con Jonás. Se preguntó por qué no aprovechar ese momento para decirle todo lo que le hacía y de esa manera acabar con su calvario. "Pero no, mejor no, porque puede no creerme y voy a empeorar las cosas. Prefiero no decir nada".

Luego de meditar un instante, respondió: "No se preocupe, tío, ha de ser porque todavía me siento triste de que haya muerto mi madre, y además que llevo mucho tiempo sin ver a mis hermanos. Usted sabe que con mi padre verdadero ni siquiera puedo contar". "Tampoco lo necesitas", replicó el tío Julio. "Para eso me tienes a mí".

Pali y el tío Julio Negro planean para su ingreso al colegio

El tío Julio estaba empeñado en que Pali asistiera a la escuela, no había duda. Pero le preocupaba el hecho de verle embargado por un profundo sentimiento de tristeza, del cual había que liberarlo cuanto antes; de lo contrario, simplemente se vería afectado en todos los aspectos y en todos sus quehaceres y la escuela no era la excepción. Por ello quería mantenerlo entretenido en algo que lo estimulara. Así lo fue llevando al tema del colegio:

"Oye, mi hijo, yo nunca asistí a un colegio secundario, pero asumo que ha de ser algo muy divertido; no tendrás a un solo maestro, como en la escuela primaria, sino un profesor por cada asignatura, increíble". Y hablándole de esos temas el tío se las arreglaba para sacar a Pali de cada una de sus situaciones de tristeza. "¿Cómo es eso de que tendré un maestro diferente por cada asignatura? No creo que eso pueda ser tío; en la escuela no hay tantos maestros". El tío Julio le explicaba: "En verdad no puedo decirte cómo es la cosa concretamente, nunca fui a un colegio secundario, pero estoy seguro de que tendrás un profesor por cada asignatura, porque en la secundaria no se habla de maestros, sino de profesores; y quiero que sepas que te quedarás en el colegio José Pablo Paredes, aquí, de esa manera todo será más económico y tú sabes que algunas veces se nos hace difícil hasta para comer, gracias a Dios te has hecho acreedor de una beca que de alguna manera nos será de gran ayuda… Pero eso no evita el tener que hacer el horno de siempre, porque no sabemos cuándo nos hagan efectivo el pago de esa ayuda para hacer frente a los primeros gastos. Hay que aceptar que el maestro Ellis es una gran persona, pero eso no es motivo para tener derecho a abusar de él, a pesar de haberse ofrecido a ayudar con todo lo referente a tu escuela".

El niño lo escuchaba en silencio mientras decía: "Tendrás, que asumir este reto, con mayor madurez y responsabilidad, has de tener muy claro que cada persona es un mundo, y que uno no es un billete de diez dólares o de veinte dólares que le va a caer bien a todo el mundo. Por tal razón tendrás que desarrollar el elemento paciencia. La paciencia, en conjunto con la imaginación, mueven al mundo, y se necesita paciencia para lidiar en un solo día con cada uno de los diferentes caracteres que enfrentarás en cada materia".

Sin embargo, Pali en su fuero interno no estaba muy preocupado por eso, pues si podía lidiar con Jonás y todos sus ultrajes y majaderías, si eso se podía llamar de ese modo y no maldad, no existía cosa con la que él no pudiera tratar. Lo que sí lo tenía preocupado era que ya no tenía más capacidad de tolerancia para tratar con Jonás y, sobre todo con cada una de las humillaciones que le hacía.

Pero no podía quejarse, Dios estaba con él, entre otras cosas nunca se enfermaba, a pesar de las cuerizas que le propinaba a menudo el impertinente de Jonás, y como si fuera poco, ahora iba a ingresar al colegio, a enfrentarse a un nuevo reto entre él y la universidad y nada menos que con una beca, que disminuiría en alguna forma la necesidad de trabajar tanto diariamente; aunado a que en el colegio no habrían los turnos dobles, sino que solo se asistiría una vez al día. No tenía por qué quejarse, más bien debería agradecer al Dios de su Madre y de su tío, que también era el suyo, por poder seguir adelante.

Decidido el panorama de asistir al colegio, al igual que el modo y el tiempo de hacerlo, como también el ajuste en los horarios para seguir contribuyendo en las labores necesarias de la casa y de la roza, Pali ingresó al colegio J. P. Paredes. Se trataba de un Primer Ciclo con inclinación agropecuaria que operaba para aquel tiempo en el pueblo y que, en principio, utilizaba parte de las instalaciones de la escuela primaria.

Allí, Pali se encontró con los amigos de la escuela primaria, entre ellos los Pacheco, Aguilar, Aguirre, De La Espada,

Rivas, Ramos, Bonilla, Padilla, Delgado, Pineda, Rojas, Saladino, Menchaca, Mendoza, Pérez, Mendoza, Melo, Santamaría, entre quienes se destacaban tres amistades a las que consideraba como sus mejores amigos: "Guaro, Martín y Purí. Él sentía que esos tres muchachos eran parte de su familia, porque llegaron a suplir la falta enorme que representaban sus hermanos.

En el caso de Guaro, este era un joven de características muy peculiares, hijo de una familia de buen hacer, primo consanguíneo de Pali, con quien se llevaba muy bien. Eran compañeros de estar siempre juntos cada vez que el apretado calendario de trabajo de Pali lo permitía. No olvidemos que Pali era un muchacho con obligaciones propias de cualquier hombre, a diferencia de Guaro, que se desarrollaba como un muchacho con responsabilidades normales de su edad, básicamente asistir a la escuela. Él era hijo de una prima de Pali, apodada Jacín, hija de la tía Fula, hermana de la señora Agustina.

En el caso de Martín, este se llevaba de maravillas con Pali, a pesar de ser un poco menor en edad, pero poseedor de un corazón de acciones nobles. Sin embargo, su amistad o relación con Pali era algo turbulenta, no porque tuviera algún problema con Pali, su gran amigo, sino porque Martín era hijo del tío Sebo con la señora Hilda, y como el tío Sebo opinaba que Pali era un "pichón de delincuente", se pueden imaginar que siempre estaba bajo las recriminaciones y hasta azotes del tío Sebo, para que dejara de andar con tan mala compañía.

No obstante, a pesar de las cueras que recibía Martín, seguía siendo uno de los mejores amigos de Pali, quien lo veía como un hermano menor, además de tratarse de su primo hermano.

Por otra parte, el tercer amigo y casi hermano de Pali, era Purí, de la misma edad de Pali y Guaro, y por lo tanto, un poco mayor que Martín. La madre de Purí era una señora apodada "La Ñata"; él vivía en la ciudad de Colón y solo se trasladaba al pueblo para pasar vacaciones; a pesar de ello, era parte integral del grupo de amigos selectos de Pali, y cuando estaba de vacaciones siempre andaban juntos, cosa que complicaba las relaciones de Pali con el resto de la familia Negro, en especial con Jonás, pues dedicaban largo tiempo a meterse rastrojo adentro para realizar cacerías con biombos, y esto dejaba poco espacio para que Pali, pudiera cumplir a cabalidad con las obligaciones excesivas que realizaba. Purí era nieto de Mamatita, y en su casa se quedaba cada vez que venía al pueblo.

Algunas anécdotas de Pali y su círculo de amigos Íntimos.

Tenemos que empezar señalando que, en el caso de Pali y sus amigos, se daba una peculiaridad. Entre ellos ninguno era compañero de clases, por el contrario, entre esos no tenía cercanos ni grandes amigos. Sus amigos íntimos eran en realidad amigos conseguidos a través de un deporte bastante extraño, si es que puede considerarse como un deporte, el que a Pali le fascinaba: el biombo.

Pali sabía utilizar el biombo de una manera casi profesional, al grado de poder decir que en donde ponía la mirada allí podía poner la piedra, con una facilidad asombrosa. Ese hecho de tener una puntería poco vista con el biombo era conocida por todo el pueblo, al grado de que Pali ya no solo era famoso por ser el vendedor más asiduo de pescado todas las mañanas, sino porque además era dueño de una puntería formidable.

Por medio de este casi deporte conoció a cada uno de sus amigos. Purí fue el primero, lo conoció por su facilidad para hacer biombos. Cuando Pali conoció a Mamatita, de quien se hizo un verdadero amigo, y esta a su vez era abuela de Purí, cuyo verdadero nombre era Arsenio, él supo de su afición por los biombos, aunque poco sabía de ellos. Fue precisamente cuando trataba de hacer un biombo que Pali se le acercó y le dijo cómo tenía que hacer. Tuvieron una química poca veces vista, y así nació una amistad que llegó a tal nivel que, cuando Purí arribaba a Carabaluca para sus vacaciones, se la pasaba en compañía de Pali, lo que le buscó más de un problema, al no cumplir en algunas ocasiones con su apretado horario, por estar "pajareando", lo que causaba que al regresar encontrara el ya citado plato de arroz en cáscara con la presa encima.

En tales ocasiones Purí, sin miramientos, compartía su comida con Pali. Y cuando estaba de vacaciones, que era entre los meses de enero, febrero y marzo de cada año, y Pali se veía obligado a dormir afuera, no tenía que hacerlo debajo del piso de la casa de la familia Negro, sino que se quedaba a dormir en casa de Mamatita sin importarle quién haría la cama a Jonás.

En el caso de Guaro, la cosa era un poquito diferente. Con él entabló una gran amistad como producto de que Guaro, cuyo verdadero nombre era Eduardo, tenía afición por la cacería de pájaros, le agradaban los biombos. Y sobre esa materia, en el pueblo no existía quien la conociera mejor que Pali. A eso se sumaba el hecho de que la abuela de Guaro era la tía Fula, hermana de padre y madre de la señora Agustina, madre de Pali. Algunas veces, Pali visitaba a la tía Fula; cuando iba a buscar verduras o cocos a la finca de Las Margaritas, propiedad del tío Julio, estaba obligado a pasar frente a la casa de la tía Fula. Guaro vivía con su abuela de manera permanente y con su abuelo de crianza, llamado "Goyo", un señor interiorano que era el segundo esposo de la tía Fula, y de quien Pali tenía un buen concepto.

Todas estas cosas facilitaron que entre los primos surgiera una verdadera amistad. Además, Guaro también se llevaba bien con Purí. El último integrante del círculo íntimo lo constituía el menor de todos, Martín, a quien todos llamaban "Tin", también un aficionado a los biombos y a "pajarear", quien además parecía tener una obsesión por contrariar a su padre, el tío Sebo, que como sabemos odiaba a Pali y no aceptaba que fuera compañero de andanzas de uno de sus hijos.

Pero ni las advertencias, ni las cuerizas que le daba su padre, hacían o podían lograr que el pequeño Martín se alejara de la amistad de su primo. A Martín le encantaba la compañía de Pali, además él mismo era fiel testigo de que todo lo que le decían sobre Pali era por el hecho de tratarse de un chico con una voluntad inquebrantable, que cuando se proponía algo, lo lograba.

Cuando se encontraban los cuatro juntos; Pali, Purí, Guaro y Martín, y decidían irse a "pajarear", o de cacería de pájaros, no era fácil impedirlo. El que más dificultades tenía para hacerlo era Pali, y cuando estaba decidido bastaba con que pudiera ponerse fuera del alcance de la vista de la señora Rosa para no devolverse por los gritos.

Sus compañeros le decían: "Oye, Pali, te está llamando tu tía Rosa", y este contestaba con una tranquilidad pasmosa: "No se preocupen, que el rejo no mata", y la travesía de caza continuaba, sin importar las consecuencias, aun cuando entre ellas estaba la de enfrentar a Jonás, a quien la señora Rosa algunas veces guardaba los pendientes por supuesto mal comportamiento de Pali, por ignorar que eso representaría enfrentar de seguro una cueriza.

Entre estos cuatro muchachos existía una amistad verdaderamente fuerte y el dolor de uno de ellos era el dolor de todos; pero sin dudas el que pasaba por mayores situaciones de dificultad era Pali, por lo complicado que era cumplir con sus obligaciones y que le quedara algo de tiempo para diversión o deporte favorito, en compañía de sus amigos inseparables, pese a que en algunas ocasiones estos le ayudaban en las labores.

Pali el colegio, sus dificultades con Jonás

Comenzó Pali a asistir al colegio J.P. Paredes. En aquellos días era su director un señor de apellido Valdés, a quienes todos en el pueblo llamaban "Chamaco". Para suerte de los pobladores y, sobre todo, para los alumnos, en aquellos tiempos, 1970, los educadores eran verdaderos educadores; entre ellos se podía contar a los señores Vega F, Valdés B, Rodríguez N, De Costarelos L. Olmedo S. etc., preocupados más por los alumnos que por el sueldo. Fue bajo la tutela escolar de estos señores que Pali tuvo la suerte de estar en su Primer Ciclo; pero, no todo era de buena suerte, porque a pesar de que ya era un estudiante de secundaria, sus problemas en casa de la familia Negro, lejos de acomodarse, se agudizaban, porque Pali, ya un jovencito, seguía bajo las mismas reglas de antes cuando solo era un niño.

Como si fuera poco, seguían las cuerizas, que algunas veces eran puñetazos, es decir, golpes con los puños de las manos cerrados. A pesar de eso, Pali trataba de disimular las cosas y de empequeñecer las consecuencias, pues no quería desairar a su tío Julio, quien siempre le enseñó que solo los animales irracionales arreglan sus problemas a golpes, que la gente, los seres humanos, estamos obligados a arreglar nuestras diferencias dialogando y sobre todo si se trata de gente civilizada. Pero Pali se daba cuenta de que esto era fácil de decir, y difícil ponerlo en práctica y vivirlo en carne propia. Pero con todo, más pesaba en él la necesidad de no defraudar a quien todo se lo daba, a su "Ángel de la Guarda", el tío Julio, quien era de la única persona de quien Jonás se cuidaba al maltratar a Pali.

Las cosas tampoco cambiaban en cuanto a sus labores, al contrario, se le sumaba otra, la de ir a Las Margaritas a recoger los cocos y a traerlos en motete para ser vendidos, o para el consumo en la cocina. No era un trabajo fácil: primero debía recogerlos, luego pelarlos a machetazos, y después trasladarlos a Jamaiquita, donde quedaba la casa de la familia Negro, una distancia aproximada de siete u ocho kilómetros. Sumemos que los cocos, por su forma redonda u ovalada, no ayudaban mucho al darle esa misma forma a la parte del motete que se apoya en la espalda de quien traslada los cocos.

El ingreso al colegio no le significó un cambio en sus condiciones de vida, más bien se la dificultaba, porque en el colegio no existían dos turnos como en la escuela primaria. Pero,

¿y qué pasaba con el resto de los miembros de la familia Negro, sobre todo con Nito y Nilo? ¿Por qué no ayudaban a Pali en todo lo referente a los quehaceres de la casa? Nito se había mudado a un pueblo cercano, Escobal, con su hermana mayor, Erne, que para entonces estaba casada con un hombre de apellido Rodríguez, a quien todos llamaban "Cucho". Nilo sencillamente no hacía frente a ninguna de las obligaciones de la casa, porque "el pobrecito tenía que levantarse muy temprano para asistir al colegio agropecuario de un pueblo no tan cercano, Río Indio", como explicaba la señora Rosa, su madre; allá estudiaba para Perito Agropecuario. ¿Por qué Jonás no realizaba parte de esas obligaciones? Jonás, además de trabajar de lunes a viernes en Colón, nunca tuvo una obligación fija en la casa.

Pese a esas condiciones, Pali no se quejaba, continuaba siendo un jovencito de jovialidad increíble, además mostraba un respeto por sus mayores y educadores, lo que le hacía merecedor del cariño de cuantos tenían la oportunidad de tratarlo; y más, por aquellos que de alguna forma, llegaban a conocer lo relacionado con las condiciones en que vivía y se daban cuenta que se trataba de un recogido.

La vida es la vida y tenemos la obligación de vivirla

Pali aparecía en la roza del tío Julio todas las tardes, con el ánimo de ayudarle en las labores diarias de limpieza y siembra de los diferentes productos. A pesar de que Pali contaba con su beca, que le facilitaba cuarenta y cinco dólares cada tres meses, él y el tío Julio, cada comienzo de año, seguían haciendo un horno, porque no recibía el dinero de la beca hasta ya muy entrada la época de la escuela. En consecuencia, no podían dejar de seguir haciendo el horno para afrontar los gastos iniciales del año escolar.

Aunque Pali no era ya un estudiante de primaria, cada vez que tenían la oportunidad el tío Julio no escatimaba esfuerzos para conversar lo más posible con él, aunque el tono y contenido de las conversaciones era diferente con relación a las anteriores. Sin embargo, algo que nunca variaba era la forma de iniciar las conversaciones por parte del tío Julio.

En una oportunidad, no se sabe cómo quedaron hablando de Jonás y de su relación. El tío Julio lo sorprendió al decirle: "He hablado con Jonás y le he hecho saber que no estoy de acuerdo con la forma en que te trata; le he dicho que ni yo que de alguna manera soy el responsable por ti y te mantengo, aunque a medias, te he tratado nunca como él lo hace. Quiero darte las gracias por toda la paciencia que has demostrado con Jonás, puesto que como mi hijo, lo conozco mejor que nadie y sé que no es la mejor persona para tratar, y que no se lleva bien con nadie en casa. Pero en tu caso ha excedido todos los márgenes de tolerancia, y espero que ya te deje en paz, aunque, para ser sincero, dudo que lo haga porque, sin ánimos de ofenderte, creo que tú has sido demasiado tolerante y él ya se te ha montado y ahora no es fácil bajarlo del nivel a que ha llegado".

"Pero, tío, ¿tú no me has enseñado que los seres humanos no pueden resolver las cosas a golpes?" El tío Julio, luego de meditarlo un poco, le respondió: "Sigo pensando igual, pero he de decirte que para que exista un vivo ha de existir un tonto, y si bien es cierto, que lo cortés no quita lo valiente, también hemos de tener en claro, que todas las cosas y las personas tienen un límite de tolerancia, y pienso que, a pesar de que te estoy hablando de mi hijo Jonás, tú has excedido todos los límites de tolerancia conocidos por mí hasta ahora".

Pali se quedo muy pensativo. Para sus adentros, pensó que había un mensaje, a su juicio no muy claro, en las palabras de su tío Julio. Todo lo que él toleró a Jonás tenía como fundamento que se trataba del hijo del hombre que le había enseñado a conocer el verdadero amor que un padre puede dar a un hijo, sin serlo, porque eso era lo que él sentía con respecto al tío Julio.

Por otro lado, era como echar por tierra muchas de las enseñanzas que le proporcionó, al insinuarle que rechazara de una forma violenta todo aquel abuso que de modo inexplicable e injusto le dispensaba frente a personas ajenas a la familia Negro, y que no podía llamarse de otra manera que humillante.

Tomando en cuenta lo dicho por el tío Julio, podía ver entre líneas que le estaba autorizando a sacudirse a Jonás, de la forma que fuera, cuando señaló: "Aunque no creo que resulte, pues Jonás ha excedido todos los límites de tolerancia…" "¿Me estará autorizando a deshacerme de sus abusos?", se preguntaba Pali, pero quiso cambiar de tema, pues ya para entonces estaba más confundido, al percibir el mensaje. "Tío Julio, quiero que sepas que te quiero, en verdad te quiero sobre todo lo que he conocido. Excepto sobre mi madre, tu Dios, que es el Dios, de mi madre y que también es mi Dios. Te suplico que, pase lo que pase, tengas eso muy presente, no sabemos qué pasará mañana y para todos la vida continúa".

Pali y su continuidad en el colegio

En el colegio J.P. Paredes, Pali obtuvo un refugio en el que podía tener una vida normal, es decir, podía hacer una vida propia de un jovencito de su edad, lejos de los atropellos de Jonás y de una vida llena de trabajo, como consecuencia de sus obligaciones, asumidas más por miedo al sentimiento de abandono y soledad al que tanto le temía.

En el colegio, Pali gozaba de algún grado de prestigio y de gran aceptación, no solo a nivel de sus amigos y compañeros, sino entre los profesores y padres de familia que regularmente concurrían a cooperar con la escuela primaria y en el colegio de la comunidad. Eso le hacía sentirse diferente, como si se tratara de una persona que hubiera logrado de la aceptación que no lograba tener en su propia familia consanguínea, por estar separados, y tampoco en su familia adoptiva.

Fue precisamente esa popularidad la que agravó su situación en casa, cuando empezó a ser escogido para integrar los equipos que representarían al colegio en el área de los pueblos de la Costa Abajo de la provincia de Colón. Esto implicaba que no podía estar en dos lugares a la vez; entonces, el tiempo que utilizaba para dedicarlo, por ejemplo, a las prácticas softbol, era un tiempo en el que dejaba de hacer frente a sus obligaciones.

Como consecuencia de sus ausencias y la no realización de algunas de sus obligaciones, Pali debió enfrentar a algunos miembros de la familia y sobre todo a Jonás. Un día del año de 1972, Pali se vio obligado a trasladarse al pueblo de Río Indio, donde funcionaba un colegio agropecuario, al que concurría el hijo menor de la familia, Nilo. En aquel pueblo se iban a celebrar una serie de eventos deportivos, y Pali era parte de la selección de softbol del colegio. Para él, era su gran oportunidad de conocer el pueblo de Río Indio, y a mucha gente nueva.

Con mucha anticipación, notificó al tío Julio, quien le dijo: "Te felicito, pero, no olvides que hasta el desorden ha de ser con orden, vaya a ese lugar y demuestre que usted es un muchacho de familia y lleno de cordura", lo que Pali interpretó como su permiso o anuencia. Luego, se lo hizo saber a la señora Rosa, pero cometió el error de plantearlo delante de Jonás y este de una vez, sin que la señora Rosa dijera palabra alguna le dijo: "No irás a ninguna parte, ese día tienes que pilar y no te lo vuelvo a repetir". Pali no le respondió nada. En cuanto Jonás se alejó, dijo a la señora Rosa: "Ya he hablado con mi tío me dijo que podía ir y que la única condición era que me portara bien". La señora Rosa, en tono muy serio, le contestó: "Allá tú y Jonás, ya oíste lo que dijo" y, sin más, se alejó de Pali, dejándolo con la palabra en la boca.

Cuando llegó el viernes, día de los eventos deportivos, tenía una gran disyuntiva: si se iba a los juegos, sabía que al regresar tendría una gran bronca con Jonás, y que no tendría el apoyo de la señora Rosa, y a lo mejor tampoco el apoyo de su tío Julio Negro. Pero entendía lo que el tío Julio le dijera: "Ya traté de quitarte a Jonás de encima, pero no creo que resulte, ya está demasiado encima de ti y solo tú puedes y debes bajarlo de allí".

Después de mucho pensar y repensar, tomó el bus, con todos sus amigos y compañeros del colegio.

Pali el día deportivo y sus consecuencias

Se olvidó, por esos momentos, de todos los pensamientos que le agobiaban, incluyendo de Jonás y lo difícil que podía ser enfrentarlo después del día deportivo. Eso fue fácil, porque el conductor del autobús era un hombre de carácter de muy jovial, bastante joven, apodado "Pandereta", aunque su verdadero nombre era Tito, y mantenía a todos los muchachos de un humor incomparable con sus chistes y gestos, a los que todos prestaban atención.

Durante todo el trayecto se concretó a pasarla bien, y a concentrarse en el partido de softbol, el que deseaban ganar. El colegio de Río Indio era un plantel de fase completa, es decir, incluía desde primero hasta el sexto año, con énfasis en la rama agrícola. El colegio de su pueblo era solo un primer ciclo, a consecuencia de ello, todos los muchachos que formaban parte de la selección de softball del colegio de Río Indio, eran más corpulentos y de mayor tamaño que ellos, y esta ventaja se hizo sentir en todos los aspectos del partido, y la selección del colegio J.P. Paredes perdió el partido por un tablero de doce carreras por cuatro. Sin embargo, ninguno de los integrantes del equipo perdedor se sintió triste, considerando que realizaron el mejor de sus esfuerzos, conscientes de que no era una empresa fácil.

A Pali, en particular, le fue bien; conectó un par de buenos batazos y no cometió errores. Al finalizar, fueron invitados al comedor del colegio, por cortesía de la dirección y disfrutaron de un plato de arroz, algo de ensalada de papas y una presa de gallina de patio guisada al estilo costeño, que solo con verla se les aguaba la boca.

Los muchachos disfrutaron sus comidas. Pasaron el resto del día en la realización del resto de las competencias, en las que él no tenía participación directa. En unos cuantos deportes, el colegio J.P. Paredes pudo hacerse de un resultado positivo, pero lo principal fue que los integrantes de ambos colegios se divirtieron.

A las seis y treinta minutos de la tarde, el señor Pandereta, conductor del autobús, anunció la partida, y alrededor de las siete el autobús emprendió su regreso. De seguro que ya estaría Jonás esperándole para darle problemas y provocarle hasta lograr darle una de sus especiales cuerizas, que en ocasiones se convertían en verdaderas golpizas, pero, no había de otra, y tenía Pali necesariamente que presentarse en la casa. Aquella comida inolvidable ya se había esfumado y ahora sentía un hambre atroz; por lo tanto debía enfrentar a Jonás o a lo que fuera necesario para alcanzar un plato de comida, no importaba el precio.

Al llegar a casa, para su sorpresa, Jonás aún no había llegado. Se dirigió a la mesa de la cocina, una mesita de madera rústica y vieja, de color marrón. Al destapar su plato, se dio cuenta de que estaba lleno de arroz con cáscara, sin pilar, con una presa de pescado frito encima.

¡Qué rabia!, qué sentimiento más profundo de impotencia. Otra vez Jonás, con el concurso de quién sabe quién, le hacía una mala pasada. En ninguna oportunidad anterior, a pesar de ser muchas, se sintió tan humillado, tan desvalido, tan vulnerable y, sobre todo, tomando en cuenta que se encontraba verdaderamente hambriento.

En ese momento, se encontraba tan desconsolado se sentía como un tigre herido con ganas de atacar, con ganas de agredir a cualquiera que pudiera ser el culpable de despertar aquel sentimiento tan feo de violencia, de ganas de ser violento, que nunca antes experimentara. Cuando por su mente se le cruzaban esos malos y violentos sentimientos, se le puso en frente Hermes, para todos el más maldito y perverso de los miembros de la familia Negro, quien le dijo: "Tranquilo, sé cómo te sientes; le dije a Jonás que no era correcto hacer eso, y menos en un día como hoy, que de seguro habrás agotado todas tus energías en el paseo. Pero no me hizo caso alguno, de todas formas, en el fogón hay una olla con unas yucas sancochadas con algo de pescado. Puedes comerte todo, si así lo deseas, lo hice especialmente para ti, una vez me di cuenta de que Jonás se comió tu cena y te la reemplazó con arroz sin pilar, solo porque según él lo desobedeciste".

En aquel momento no pensó mucho en lo que estaba ocurriendo, solo quería comer y, en verdad, no importaba mucho qué comería, necesitaba saciar el hambre, un hambre que no lo dejaba pensar.

Una vez hubo cenado, se sintió muy bien, a pesar de que no se trataba de una comida especial, y tampoco una de sus preferidas, pero sintió que nunca antes había saboreado unos pedazos de yuca tan deliciosos como aquel día, y nada que ver con los pedazos de pescado agujeta, que también le parecieron exquisitos.

Ahora podía pensar en la buena impresión que le causó Hermes con su manera de actuar, a pesar de que todos los miembros de la familia hablaban mal de él, pero esta actitud de ahora lo dejaba perplejo, porque no tenía nada que ver con lo que todos decían.

Saciada el hambre y deshecho el sentimiento de violencia y de ganas de atacar que había experimentado, Pali se hizo una promesa: Jamás permitiría que Jonás lo volviera a golpear o a humillar como era su costumbre, y sin ninguna causa de justificación; prefería morir antes que volver a experimentar un sentimiento tan malo y bajo como el de aquel día.

CAPÍTULO 10

Jonás y su nueva relación con Pali

> *Por encima, de la voluntad del ser humano,*
> *solo debe estar aquello que le conviene hacer,*
> *siempre que ello se encuentre dentro del marco y márgenes*
> *de la moralidad mayormente aceptada y,*
> *en consecuencia, no pugne con la voluntad de Dios.*

EL TOZUDO.

Era la edad en la cual Pali ya no era un chiquillo, se trataba de un muchacho que cursaba el tercer año del colegio, y que se había ganado el respeto de propios y extraños. Así las cosas, no se dio la oportunidad de que Pali y Jonás se encontraran frontalmente, ni dentro ni fuera de la casa, pero esto no sería así siempre.

Un día en que tuvo algunos inconvenientes con la profesora Lucy de Costarelos, se presentó el momento. Con el ánimo de evitar salirle a la profesora con una grosería, optó por no llegar a su clase hasta que no le hubiese pasado el disgusto. La razón era que una expresión de la docente, para quien "la mayoría de los carabaluqueños era gente muy floja que solo quería vivir de la pesca y de esperar que los cocos cayeran de las palmas, que ni siquiera querían subir para cosecharlos".

Él no podía de ninguna manera aceptar eso como cierto, porque precisamente él era el vivo ejemplo de un carabaluqueño que, día a día, tenía que realizar grandes esfuerzos, a su corta edad, para enfrentar la vida, por lo cual era falso que los lugareños fueran gente poco dada al trabajo o vagabunda.

Esa ausencia en un alumno al que consideraba un buen estudiante, la inclinó a ir a la casa de la familia Negro, para enterarse del porqué, considerando que la ausencia era de varios días. Esa vez, Jonás Negro no había concurrido a su trabajo y fue quien atendió a la profesora, quien le hizo saber su temor de que Pali estuviese enfermo, pues era un alumno que nunca se ausentaba de clases. "Qué raro, que yo sepa el sale de la casa para el colegio diariamente", respondió Jonás. "Deben entonces prestarle atención al muchacho, a mi clase tiene tres días que no asiste". "No se preocupe profesora Costarelos, yo mismo me encargaré del asunto le prometo que él asistirá a su clase por su voluntad o a la fuerza, pero asistirá".

Terminada aquella conversación, Jonás, de manera inmediata, se trasladó a la casa de su hermana Robe, dando por descontado que allí estaría Pali. Pero no era sí. Robe le informó que había salido para casa de su padre, Julio Negro, hacía unos minutos, por lo que Jonás regresó allá como un bólido pues, a su juicio, lo hecho por Pali no tenía nombre; "¿Cómo es eso de que sale de casa para el colegio y ni siquiera llega a clases? ¿Quién sabe en qué andará? Pero de que me la paga, me la paga", decía el hombre a medida que se acercaba a la casa.

Hay un adagio que reza: "Una cosa piensa el burro y otra quien lo arrea". Cuando Jonás llegó a casa, encontró a Pali junto a la mesa. Una vez frente a él, sin que mediara palabra alguna, el hombre descalzó de su pie derecho la zapatilla que llevaba puesta, y con todas sus fuerzas la descargó en un lado y otro del rostro de Pali. El muchacho volvió a sentir ese sentimiento feo de violencia y la sensación de ser un "tigre herido" dispuesto a contratacar sin medida a quien tanto daño le causaba.

Sin pensarlo, se dirigió a la cocina, al sitio donde se guardaban los machetes y macocos, tomó uno y con todo el deseo de causar daño, incluso de matar si se daba la oportunidad, por feo que suene, para poner fin a tanto abuso, lo lanzó con todas sus fuerzas a la anatomía de Jonás. Sin embargo, falló, y el machete golpeó en la mesa y quedó incrustado en la madera. Gracias a Dios, no lo pudo sacar, porque Jonás se hallaba pálido, inerte de miedo al ver la determinación con que este muchacho pasivo lo atacaba.

Pali dejó el machete y fue al lugar donde se guardaban a tomar otro, pero Robe, quien al ver la forma en que Jonás salió de su casa, vino siguiéndolo, se le fue encima a Pali, gritándole: "¡No, Pali, no lo hagas! ¡Vas a desgraciarte la vida por nada, piénsalo, no por Jonás, sino por ti! ¡Tanto sacrificio y obstáculos que has enfrentado para tirarlo todo a la basura por un momento de rabia!".

Pero el muchacho poco o nada oía, hasta que Robe le dijo: "Piensa en mi padre, tu tío Julio, quien ha sido un padre para ti, no puedes pagarle de esta manera". Solo así fue que Pali dejó el machete, a la vez que las lágrimas comenzaron a brotarle sin parar.

Jonás seguía inerte, como en shock; no reaccionaba. Robe se le acercó y le dijo: "Te hemos dicho en muchas ocasiones, tanto mi papá como yo, que esa forma de tratar a Pali no es manera de tratar a ningún ser humano, y que estás buscando que el muchacho te haga un daño. Pues ya has visto que todo tiene un límite. Solo espero que hayas aprendido la lección, y ojalá mi papá no se dé cuenta de lo que aquí ha ocurrido".

Así quedaron las cosas, pero en la cabeza de Pali solo existía un pensamiento: "Este es el último día en que puedo vivir en el mismo techo que Jonás, aunque esto implique dejar al tío Julio".

Pali deja la casa de la familia Negro

Pasado el incidente con Jonás, Pali no dejaba de pensar en lo que pudo ser capaz de hacer, comprendía que su actuación fue desmedida en lo que a violencia se refiere. No era él, ¿o sería que en verdad ese era él y no se quería dar cuenta? "No, no Dios mío", decía una y otra vez, "ese no puedo ser yo, tú me conoces Señor, porque como Dios de mi madre y de mi tío Julio, estoy seguro de que te adopté desde antes de nacer, entonces, estoy muy lejos de ser el que ha actuado hoy de esa forma tan inusual y tan violenta, una forma que ni yo mismo justifico, no importa cuánto ni qué me ha hecho Jonás".

Este pensamiento lo hacía sentirse, si no como el peor, sí como uno de los peores. Eso no podía volver a suceder bajo ninguna circunstancia, tratándose de Jonás o no. Pensando así, lo embargaba un sentimiento terrible: "He decepcionado al tío Julio Negro, tantas cosas que me ha enseñado y me ha dado y mira cómo le pago. Robe tiene toda la razón, no se merece que yo intentara causarle daño a su hijo. ¿Qué haré en el momento que lo vea? No puedo mentir, se lo he prometido. ¿Dónde voy ahora? ¿Quién me guiará en lo que sigue? ¿Cómo conseguiré el dinero para seguir en la escuela cuando se demore el pago de la beca? ¿Cómo podré cumplir la promesa de llegar y graduarme de la universidad?".

Todos estos pensamientos daban vueltas en su cabeza, y eran propios de su persona y de la calidad de responsabilidad que en Pali inculcara el tío Julio. Luego pensó: "¿De qué vale quejarse? El tío Julio me ha dicho que el ser humano no debe preocuparse, porque nada resuelve con ello, solo logra estancarse, que lo que realmente nos permite crecer es mantenernos ocupados. Sin duda, él tiene razón, debo centrarme en cómo voy a resolver los tantos problemas que hoy se han sumado por mi propia culpa, pues no debí reaccionar de la manera en que lo hice, y debo asumir las consecuencias".

Entonces llegó a su memoria un pensamiento mandado por voluntad de Dios: "Me iré a casa de Mamatita y le contaré lo que me ha ocurrido, a ver si ella me da la oportunidad de quedarme, hasta que pueda lograr ubicarme en un lugar de manera permanente; después de todo, ella vive sola en una casa grande que tiene muchos cuartos, solo son utilizados cuando llegan sus nietos de estación en estación. No hay más que hablar, enfrentaré al tío Julio y le daré mis disculpas por lo ocurrido y luego me iré". Pero luego pensó: "No, mejor me iré sin hablar con él; me iré en la noche cuando es más oscuro".

Una vez tomó esta decisión trascendental, se fue a casa de Robe, cuya intervención oportuna le evitó desgraciar su vida. Su única intención era la de no verse con el tío Julio Negro, su "Ángel de la Guarda," a quien aprendió a respetar y a querer como un verdadero padre. Así esperó hasta que fuera de noche, sabía que no enfrentaría a esa hora al tío Julio, quien dormía a horas tempranas o se encerraba en su cuarto. Al entrar, percibió algo raro: por primera vez en mucho tiempo, no sentía la obligación de hacer nada.

Solo pensaba en recoger sus pertenencias; un uniforme de escuela, unos cuantos pantalones cortos, unas franelas sin mangas y un par de zapatos, eran "tantas" las pertenencias de Pali que todas cabían en una bolsa de las que para la época eran muy famosas: bolsa de papel manila cuyas maniguetas eran dos soguitas rústicas de color amarillento.

Una vez recogidas todas sus pertenencias, excepto el macoco que el tío le había asignado, Pali se aprestó a enfrentar la posibilidad de que se presentase ante él su madre en forma espiritual. Piensa que, dependiendo de si estaba actuando bien o no, ella aparecería en cuanto abandonase la casa que le cobijo por tanto tiempo, la casa del tío Julio, donde viviera buenas experiencias con el tío, y malas, muy malas, con Jonás.

A enfrentar la oscuridad de una noche especial de invierno

No solo dejaría de vivir en casa del tío Julio, a quien en realidad estimaba como a un verdadero padre, sino que tampoco tendría ya quien le diera tan atinados y frecuentes consejos, que a fin de cuentas eran verdaderas lecciones de vida y de enseñanza. Tampoco podría seguir ayudando en las labores de la roza, que en verdad el tío Julio necesitaba, pues nadie más lo ayudaba.

"Hay que hacer frente a que en medio de la noche me salga el espíritu de mi madre Agustina, si estoy actuando mal, para darme la vuelta de manera inmediata a casa de la familia Negro, o llegue a casa de Mamatita, a ver si ella me acepta, o tendré que irme sin remedio a pedir posada a otro lado".

A eso de las ocho y media de la noche tomó la bolsa de papel y se encamino adonde Mamatita. Lo hizo con lágrimas en los ojos, muchas lágrimas, porque dejaba atrás al tío Julio Negro, a Simona, a la señora Rosa, a Milo, a Nito, Herne, Hermes y a Jonás, a quien a pesar de todo, ahora se daba cuenta que si no le quería, tampoco lo odiaba como siempre pensó. Lloraba porque dejaba atrás a la casa que lo cobijara en los momentos más difíciles de su corta vida.

Sí, lloraba, porque dejaba atrás a su Ángel de la Guarda, a quien dejaba físicamente, pero de seguro lo acompañaría siempre porque se había convertido en su vida misma. Lloraba porque no sabía si al final de cuentas estaba adoptando la mejor de las decisiones, y si así fuera, no sabía siquiera si Mamatita avalaría lo que estaba haciendo, pero de algo estaba plenamente seguro, debía dar este paso para no volver a experimentar ese mal sentimiento de odio y de violencia, y para evitar una clara y objetiva tragedia que se veía venir.

En medio de esos pensamientos, iba avanzando por el camino oscuro, tan oscuro como la peor de las noches, e igual era el temor que sentía al avanzar; temor de haber tomado la decisión equivocada; temor de enfrentar al espíritu de su madre Agustina, temor porque su madre, a través de su espíritu le reprochara el haberle fallado a una persona como al tío Julio, a quien le debía agradecimiento; temor de llegar donde Mamatita y que ella lo rechazara por haber defraudado a su tío Julio.

Cuando terminó este último pensamiento ya se encontraba en la puerta de Mamatita, sin tener noticias del espíritu de la señora Agustina, algo que lo hizo sentirse muy bien, puesto que implicaba el no haberse equivocado, y haber tomado la decisión correcta a la luz de su entender.

Pali toca la puerta de Mamatita

¿Qué diría a Mamatita? ¿Lo aceptaría sin cuestionamientos? ¿No le diría qué estaba equivocado? ¿Y si, sencillamente, no le recibía? Qué cosas tan difíciles tiene la vida, pero eso no es lo peor, lo peor es que hay que enfrentarse a cada una de ellas de la manera más adecuada, de acuerdo con nuestras capacidades. En ese momento le vino a su memoria la presencia del tío Julio.

Qué pronto le tocaba darse cuenta de que cada una de las cosas que le escuchara al tío tenía plena vigencia y aplicación.

Así, se vio forzado a tocar la puerta y con manos temblorosas, vio aparecer la silueta de aquella viejecita de cara dulce y de palabras adecuadas, que le preguntaba: Pali, ¿qué estás haciendo a estas horas por acá?".

Pali guardo silencio. No podía pronunciar palabra, estaba demasiado presionado por lo que diría y haría Mamatita, que no acertaba a responder la obligada pregunta.

Viendo que Pali estallaba en lágrimas, Mamatita lo hizo pasar y sentarse. "No te preocupes por nada, ya mañana hablaremos". Ella se percató de que Pali traía consigo una bolsa, que dejaba en evidencia, algún problema que el muchacho debía estar enfrentando con alguno de los miembros de la familia y, lo más seguro es que fuera con Jonás. Así lo pensó la buena mujer.

Luego, Mamatita se limitó a hacerle compañía, adoptando una actitud maternal, diciéndole: "No hay nada en la vida que no tenga solución, de seguro se la encontraremos, no importa cuál ni de qué tamaño es el problema, confía en Dios, Pali". En aquel momento, él pensaba en verdad que Dios es grande; Mamatita ni siquiera le siguió indagando sobre lo que pudo haber pasado, se limitó a darle su apoyo, sin saber lo sucedido. Y se decía: "¿Qué pensaría si supiera que estuve a punto de hacerle un verdadero y grave daño a Jonás? A lo mejor, me tendría temor y más ella que es una anciana que vive sola en una casa tan grande como esta, sí, sola, porque en el día es cuando tiene la ayuda y compañía de un señor medio loco a quienes todos llaman Pedro Lan… En cuanto tenga la oportunidad, le voy a contar todo, en primer lugar porque el tío Julio dice que no debemos mentir, que de la mentira no sale nada bueno, que cuando llegas a la quinta mentira sobre un determinado tema, ya la primera que dijiste se te olvidó. Además, le he prometido al tío Julio que no diré mentiras. Y en segundo lugar, tarde que temprano Mamatita sabrá lo ocurrido y es mejor que sepa la verdad de mi propia boca".

Pali despierta fuera de la casa de la familia Negro

Pali despertó por primera vez en casa de una familia que no era la familia Negro, en aquel viejo sillón de madera de caoba cubana que adornaba la sala de la casa de Mamatita, casa grande, construida sobre un solo piso, casa de concreto con muchos, pero muchos cuartos, contrario al número de sus ocupantes permanentes, durante el día Mamatita y el casi loco de Pedro Lan, y en las noches solo por la anciana.

Eso contrastaba por completo con la época de vacaciones, cuando la casa lucía repleta en su totalidad, porque todos los nietos se trasladaban de la ciudad de Colón algunos para visitar y otros para pasar las vacaciones con la amada abuela.

Él estaba despierto en aquel viejo sillón, a la espera de la aparición de la señora, para que le definiera la situación, si lo recibiría en su casa y por cuánto tiempo, para contarle de viva voz lo ocurrido y por qué estaba allí. Una vez definida aquella situación, iría a casa del tío Julio o a la roza de este para contarle con lujo de detalles el incidente, tan lamentable, que le tocó vivir con Jonás.

Se le apareció Mamatita, con su amable y prístina sonrisa de siempre: "Buenos días, espero que hayas dormido bien, me hubiera gustado llevarte a la cama, pero como ves, ni tú eres lo suficientemente pequeño para que te pueda cargar, ni yo lo suficientemente joven para hacerlo". A lo que Pali le correspondió con una muy leve sonrisa y un buenos días. "Creo que se impone que ahora le haga saber en detalle lo ocurrido en casa de la familia Negro, porque creo que eso es importante para que usted lo sepa antes de que decida si dejará que me quede en su casa o, por el contrario, busque otro lugar en donde pueda quedarme".

Mama tita volvió a ser concluyente: "Quiero que sepas que anoche cuando apareciste en mi casa perturbado, pero muy perturbado, te dije que podías quedarte en mi casa el tiempo que quieras y eso no va a cambiar, no importa lo que puedas contarme, todos los que van a la iglesia los domingos y días de semana me han hecho saber que eres un excelente muchacho, y mi nieto Purí no sabe hacer otra cosa, apenas llega al pueblo, que ir a tu encuentro. Además, que me ha contado de algunos malos momentos que le ha tocado conocer, que has vivido en casa de la familia Negro".

A Pali los ojos se le llenaron otra vez de amargas lágrimas; sí, amargas, porque eso ponía fin a los encuentros diarios y permanentes con el tío Julio; amargas porque se daba cuenta de lo diferente que pueden ser las personas: mientras Jonás le hacia la vida imposible, esta señora le facilitaba la vida, aún sin haberle contado que estuvo a punto de desgraciarse la vida y la de Jonás. "¿Qué cosas tiene la vida?", se preguntaba para sus adentros. Así, de manera espontánea, comenzó a narrarle a Mamatita todo cuanto había ocurrido.

Concluida la narración, ella le dio un gran abrazo: "Ya me lo imaginaba, no sé qué hará don Julio Negro con ese muchacho Jonás, no se lleva bien con nadie del pueblo y tampoco en su propia casa, pero tú no te preocupes; demos gracias a Dios que metió su mano y las cosas no fueron a mayores, sin dejar de aceptar que lo que hiciste estuvo mal. No hay razón o motivo en el mundo que justifique que una persona quiera atentar contra la vida de otra, y me parece muy bien que quieras personalmente contar lo ocurrido a don Julio Negro, es una persona que merece respeto".

Pali enfrenta al tío Julio después del incidente con Jonás

No está seguro de cuál será la reacción frente a lo acontecido y menos sabiendo que quien pudo salir afectado era precisamente Jonás, hijo del tío Julio. Tenía el convencimiento que él sería justo una vez más, así que no tenía nada que temer. Después de todo, ya nada podía ser peor: no era inquilino de la familia Negro, lo único que quedaba de él, además de las experiencias y parte de su corazón, era el macoco cuando llegó a casa. Aún el tío Julio se encontraba ahí, y apenas lo vio, con cara muy seria lo hizo pasar. "Casualmente, no me he ido a trabajar porque sabía que vendrías y de no haber venido me hubieras hecho sentir más disgustado de lo que ya estoy".

Pali, a pesar de su corta edad, era lo suficientemente maduro para comprender el enojo de su tío, a quien, a pesar de todo, no lo podía ver de otra manera que no fuese como un hijo, lo que daba al traste con cualquier posibilidad de perdón.

"Creo que, por primera vez desde que te conozco, has echado por tierra todo lo que te he inculcado. Pero es de justicia que primero me puedas explicar con tus palabras, la versión de lo ocurrido. Te hago saber de antemano que no ha sido Jonás el que me ha contado lo sucedido, sino Robe, ella me dijo que lo presenció todo".

"Si fue Robe quien te contó, no vale la pena que yo te dé mi versión. Sabemos que ella no dice mentiras, y también sabemos que gracias a ella y a su intuición, hoy no estamos viviendo una peor desgracia. Además, quiero que sepas que también de alguna forma, sino de todas, siento que no solo te he defraudado con mi manera de actuar, sino que he defraudado tu confianza que, incluso sin conocerme, depositaste en mí. No tengo, ni te quiero dar excusas por mi comportamiento, pero te puedo asegurar que estoy verdaderamente arrepentido de mi manera de actuar para manejar la solución de mi problema con Jonás. Aunque, con la misma entereza, te hago saber que no siento el haber intentado detener a Jonás, aceptando que no utilicé la mejor forma".

"No estoy enfadado porque has roto tu relación con mi hijo; hasta creo que demoraste mucho en hacerlo. Lo que te reprocho es la forma en que enfrentaste el problema. La violencia no es un medio de los seres civilizados para resolver sus inconvenientes; por el contrario, creo que igual pudieras haber optado por irte de nuestra casa para cortar con Jonás, sin haber actuado así. Allí no acaba todo, pudiste haber causado una desgracia mayor y a diferencia de ti, pienso todo lo contrario, si bien es cierto que el daño físico mayormente afectaba a Jonás, igual tú ibas a tener un daño físico, porque de nada te hubiese servido estar marcado como la persona que mató a alguien, sin ponernos a pensar en lo difícil que es para alguien como tú vivir en un reformatorio, amén de que actuaste en contra de todo lo que te he enseñado".

Luego de una pausa larga, el hombre retomó la palabra: "Aun así, no estoy decepcionado, pero eso no me hace estar menos enojado contigo. Has de saber que sigo teniéndote la misma confianza y que puedes contar conmigo, igual que siempre, aunque decidas no seguir en mi casa, que siempre será la tuya. Debo admitir que es sano para todos que te quedes un tiempo fuera, alejado de la presencia de mi hijo, y si se trata de la casa de Tita, no puede haber un lugar mejor, además de que me queda muy cerca para saber de ti y vigilarte. Espero olvides para siempre esta manera desmedida de actuar y frente a situaciones difíciles, te apoyes en Dios y en la no violencia. Por otra parte, solo te pido que no olvides las promesas pendientes: no decir mentiras, llegar a la universidad, y seguir practicando lo que prometiste y veo que ya es parte de tu conducta el atreverte a pedir disculpas".

CAPÍTULO 11

La vida de Pali da un giro repentino

Dios es sabio, podemos los humanos,
escoger nuestras amistades y amigos
pero la familia nos las impone
y tenemos necesariamente que aceptarla.

ANÓNIMO

Los primeros días de Pali en la casa de Mamatita eran tan distintos a los que vivía en casa del tío Julio. Allá eran difíciles, llenos de obligaciones que en realidad no eran normales para un muchacho de su edad y Pali lo estaba sintiendo al experimentar esta nueva forma de vivir.

Ya no tenía que ir a prima noche o en la madrugada a atarrayar, ni tampoco debía hacer o deshacer la cama de Jonás, ni tenía que ponerse la batea en la cabeza para vender el pescado, ni acudir a la roza del tío Julio a sembrar o a chapear algo. Esto podía hacerlo solo si era su decisión y su entera voluntad. Tampoco tendría que vérselas con el pilón, por lo tanto, nada de tener que pilar arroz. Mucho menos se vería obligado a encontrarse con un plato de comida lleno de arroz con cáscara a modo de cena.

Por otra parte, cada vez que se acordaba del tío Julio se le asomaba alguna lágrima. Sus enseñanzas, su cariño y comprensión no tenían parecido a nada, y si tomamos en cuenta la dedicación que le puso a él y a sus cosas, aun no teniendo ningún tipo de conexión de consanguinidad, entonces debía concluir que el tío Julio no era otra cosa para él, que un verdadero Ángel de la Guarda, ángel al que él extrañaba demasiado para dejar de visitarle sin importar que implicaba tener que realizar las labores del campo en su roza, o tener que volver a verle la cara a Jonás Negro, que tantos sinsabores le causara. Todo eso era nada siempre que pudiera seguir contando con la compañía y oportunas enseñanzas del tío.

Tenía plena conciencia de que los cambios que tendría que enfrentar en casa de Mamatita tampoco eran fáciles ni pocos. Ya no habría quien adelantara el dinero en caso de que la beca no llegara a tiempo, ni tampoco tenía certeza de cómo sería en casa de Mamatita el tema de la comida diaria, ni cuáles serían sus obligaciones, pues era seguro que todo no podría ser gratuito y menos teniendo en cuenta que la señora estaba sola gran parte del año.

De seguro él podría acoplarse a cualquiera situación, nada podría ser más difícil que enfrentar a Jonás, a sus ocurrencias y sus malos tratos, pero no cabía dudas de que a la vida de Pali vendrían cambios, muchos cambios que ni siquiera él podría tener en claro.

Sin embargo, existían señales positivas: seguía contando con el apoyo del tío Julio, así se lo hizo saber, y no tenía ese gran apuro en abandonar la casa de Mamatita, puesto que ella le manifestó que podía quedarse el tiempo que estimara necesario, aun cuando en ese momento no podía predecir cuánto tiempo era el necesario.

Lo cierto era que, de manera repentina, Pali estaba frente a una vida que cambiaba de forma dramática y repentina; primero, ya no era miembro de la familia Negro, pero tampoco era un miembro de su familia original, no era que estuviera volviendo al seno de su familia de origen, tampoco podría considerársele como un nuevo miembro de la familia Garín Cazar, apellidos paterno y materno de Mamatita. Tampoco podría considerársele como particular. "Entonces, ¿qué es lo que en verdad soy?", se decía.

Llegó a una conclusión, la que siempre odió, contra la que siempre luchó: ser "un verdadero recogido". Pero a la vez pensaba, como mecanismo de defensa: "No, de ninguna manera, no soy ningún recogido, en realidad soy uno de los hijos de Julio Negro".

El tío Sebo se entera de que Pali ya no vive en casa del tío Julio

Una vez el tío Sebo se entera de que Pali ya no vive en casa de la familia Negro, es el primero en empezar una campaña de difamación en su contra. Sostenía a cada persona que tenía en frente que siempre había dicho que ese muchacho no era otra cosa que un "pichón de delincuente". Y eso lo dejaba claro el hecho de que hubiese intentado matar, sin ningún tipo de justificación, a uno de los propios hijos de la familia Negro; y que ahora, sin la guía y el apoyo de Julio, de seguro se transformaría en lo que en realidad era, en un delincuente.

Además, decía que, si bien a él eso no le alegraba, el verdadero culpable era Julio Negro, como consecuencia de haber apoyado a ese muchacho cuando él trató de enderezarlo y escapó de su casa sin dar explicación alguna. "Bien hecho", decía, "lo de Julio Negro fue buscado; él no tenía por qué meterse en cosas que no le importaban, ni le importan".

Cuando estos comentarios del tío Sebo llegaron a conocimiento de Pali, fueron como dagas. Cómo era posible que sangre de su sangre se hubiese convertido en un verdadero detractor y enemigo, de manera gratuita; nunca en la vida hizo algo que diera lugar a una posición tan negativa y radical de una persona, menos tratándose de su tío Sebo, a quien no recordaba siquiera haberle faltado el respeto, salvo cuando abandonó su casa sin haberle pedido permiso. Entonces, ¿por qué tanto odio?, siendo el tío Sebo hermano de padre y madre de su querida y difunta madre Agustina.

Entre un pensamiento y otro, no pudiendo entender del todo la actitud del tío Sebo, decidió pedir consejo al tío Julio.

Pali pide consejo al tío Julio Negro sobre las habladurías del tío Sebo

Pali se ve en la encrucijada de hacer frente no a sus enemigos, que a su juicio no conoce, porque incluyendo al mismo Jonás y a pesar de todos los sucesos que se dieron, Pali no lo consideraba su enemigo, por el contrario, ahora siente algo de vergüenza por la forma en que reaccionó la última vez frente a los abusos de Jonás.

Pero no existe forma de comprender ni de entender por qué el tío Sebo asumía una posición que lo único que podía aportar a la ya complicada y nada fácil existencia de Pali era más dificultades. En la casa fue informado por la señora Rosa Ortega que el tío Julio no se encontraba en casa, sino en la roza, razón, por la cual Pali se encaminó hacia allá y, al encontrarse con él, de inmediato lo escucha saludarlo: "Hola Pali, ¿qué te trae por aquí?" Él no contestó de forma inmediata, fue al rancho de la roza, en donde sabía que estaban colocados los macocos, tomó uno y antes de contestar comenzó a realizar la misma labor que realizaba el tío Julio, que en ese momento era la limpieza de una parcela de frijoles chiricanos, muy populares para la época por su alta capacidad de adaptación a cualquier tipo de suelo y su alto nivel de productividad.

El tío Julio respetó aquel silencio y se limitó a continuar con la tarea. Era consciente de que ya Pali no tenía clases en horas de la tarde, así que tendrían el tiempo suficiente para conversar. Eso sí, estaba seguro de que por algún nuevo problema atravesaba, y quiso quitarle un poco de tensión.

"Oye, ¿y cómo estuvo el colegio hoy?" "En verdad no ocurrió nada extraordinario; usted sabe que gracias a Dios, en la escuela siempre me ha ido bien", señaló con mucha calma Pali. "Creo que me graduaré del tercer año y veremos qué pasa después".

Al oírlo, el tío Julio se puso de pie y le dijo. "No creo que haya duda alguna sobre lo que hay que hacer una vez salgas del tercer año, tienes que continuar en el colegio, esa es una promesas que me has hecho, y si algo tienes de lo que me puedo enorgullecer es de que eres un muchacho responsable. Hasta aquí has cumplido con todas las promesas y creo que la mejor opción es que te vayas a estudiar en Río Indio. Te reitero que eso no es tema que hoy tengamos que discutir".

Pali volvió a mirar al tío, pero esta vez con mucha ternura, y le contestó: "Las promesas que le he hecho no están en discusión, usted me conoce y sabe que haré hasta lo imposible para cumplir con cada una de ellas, siempre que nuestro Dios, así lo permita". "Entonces, ¿cuál es el problema? Porque de seguro hay un problema. Ven, deja de trabajar, vamos al rancho y me lo cuentas ya, porque cuando se trata de problemas, cuanto más rápido se enfrentan, es mejor, porque no se les da el tiempo para que se fermenten y exploten, que esas explosiones son difíciles de controlar."

Así lo hicieron, dejaron de limpiar los frijoles y fueron a sentarse al rancho. Pali comenzó a contarle el nuevo problema que enfrentaba con el tío Sebo, quien en la escuela o fuera de ella expresaba una serie de opiniones con respecto a él, incluso lo relacionado con Jonás, y finalizó: "Esto ha llegado al grado de señalar que se alegra de que yo le haya pagado a usted las cosas que ha hecho por mí tratando de matar a su propio hijo. La verdad, que ya no sé cómo enfrentar esta situación, no recuerdo haberle hecho nada al tío Sebo que justifique que tenga tan mal concepto de mí y ahora, lo más grave, estar contando a otras personas algo que no es verdad. No entiendo cómo nuestra propia familia de sangre puede llegar a hacer cosas de este modo".

El tío Julio lo escuchó con detenimiento y, luego de ordenar sus ideas, le dijo: "Pali, si bien es cierto nosotros somos seres humanos y, por tanto, parte de la naturaleza humana, quién dice que sabemos o podemos entender todo lo que hacen los humanos con relación a su comportamiento y forma de vivir. Al respecto solo puedo decirte que hay cosas que es mejor no entender, y si duelen, es mejor darle el mismo significado que tiene el ladrido de un perro". "¿Cómo así, tío?". "Tú puedes oír el ladrido de un perro, pero jamás escucharlo; y es que por mucho ruido que haga el perro jamás podrás entender, de una forma humana, lo que quiere decirte. En otras palabras, si tú sabes que lo que dice el tío Sebo no es verdad, entonces, son palabras necias, y a palabras necias oídos sordos. Por último, quiero agregar que nuestro Dios es sabio, a cada uno de nosotros nos permite elegir nuestras amistades; sin embargo, a la familia no la impone y solo podemos aceptarla. Así tienes que actuar con el tío Sebo, y te repito tienes, quiero que te des cuenta de que no he dicho debes sino tienes, porque que aceptar que no podemos cambiar el hecho de que sean nuestra familia, por malo que sea su comportamiento hacia nosotros. Espero que este sea un tema cerrado".

Pali no respondió. Quedaba una vez más anonadado de ver cuánto conocimiento poseía su tío Julio.

Pali termina el tercer año

Persistían otras situaciones que no eran de todo agradables, pero como todo cristiano, Pali seguía enfrentándolas, aunque debía aceptar que con la llegada a su vida de Mamatita, las cosa cambiaron para bien.

No era menos cierto que, algunas veces, aun cuando ya no con la regularidad de antes, tuvo que hacer algunas cosas para colaborar con su tío Julio, persona a quien consideraba su verdadero padre.

Sentía como una obligación facilitarle la vida en todo lo que era posible; en particular con los trabajos de la roza, y ayudarle con la cosecha de los cocos y traslado desde Las Margaritas, hasta la casa de la familia Negro. Pali, para entonces, tenía más tiempo para frecuentar a cada una de las tías del lado materno, como a la tía Fula y, una que otra vez a la tía Cutacha.

De esa manera resolvía en algunas ocasiones lo referente a la comida. Mamatita, por su edad, no tenía deseos de cocinar todos los días y tampoco la necesidad, aparte de que Pali no deseaba verla a diario en esos quehaceres. Una de sus nietas vivía al lado, en una casita de concreto muy bien conservada que constaba de varias habitaciones, con los colores tropicales típicos que la hacían agradable a los ojos de propios y extraños.

A la nieta de Mamatita la conocían como "La Chica", aunque también le llamaban "Chiquitina", y con ella también Pali logró cultivar una gran amistad, al igual que con el marido, conocido entre la gente del pueblo como "Caballo Manso", que era el nombre que se leía en el carro tipo pickup de su propiedad, y que utilizaba para transportar gente, trabajadores en su mayoría, durante las mañanas y las tardes hacia Colón.

Como consecuencia de las pocas veces en que Mamatita cocinaba, Pali resolvía el problema ayudando de diversas maneras a la tía Fula, y a su esposo, Don Goyo, ya fuera en los quehaceres de su finca, porque ellos poseían algunas cabezas de ganado vacuno, o en los deberes de la casa, pilando el arroz, buscando la leña para cocinar o cargando el agua necesaria para el consumo, que por cierto quedaba bastante lejos de casa y era extraída de un pozo brocal.

Pali salía de casa de sus tías satisfecho, con el estómago lleno, ya sin la presión de cuando era muy pequeño y vivía con su madre, la señora Agustina, quien aunque tuviesen mucha hambre los hacía decir que no a cualquiera que les preguntara si querían comida. ¡Cómo cambiaban los tiempos!

Se acercaba el fin del año escolar, de tercer año, y se hacían planes para celebrar el acontecimiento, igual que la vez anterior. Todos los muchachos estaban muy emocionados, en especial los graduandos, y tenían planes para lo que sería su vida futura, sobre cuál era la carrera que tomarían, en qué colegio. Sin embargo, uno de ellos se estaba graduando tal vez con mayor mérito que la mayoría, por haber alcanzado ese certificado de tercer año a sangre y fuego, con trabajo, con lucha, con tesón y con gran sacrificio, asumiendo obligaciones ajenas a un muchacho de su edad y sacrificando lo que constituía la vida de un adolecente, siendo como un hombre desde niño, un "verdadero hombre", porque es seguro que hay hombres que no hubieran soportado, de la manera como lo hizo Pali, la necesidad de enfrentar la vida.

Y era precisamente Pali quien no podía hacer las conjeturas que hacían sus compañeros, porque ni siquiera la comida del día siguiente tenía segura; pero lo más admirable de este muchacho es que no reprochaba ni se quejaba de nada, solo pensaba para sus adentros: "Solo Dios, sí, solo Dios, el Dios de mi madre Agustina y de mi tío Julio, que a su vez es mi Dios, sabe por qué hace las cosas".

En el fondo, lo que hacía a Pali sentir tristeza y desconsuelo era que no tenía a nadie a quien invitar a su graduación, la que todos en el pueblo comentaban, sobre todo sus compañeros, quienes deliraban de alegría, mientras él atravesaba por un mal momento, puesto que a quien podía invitar era al tío Julio, y no podía asistir a la ceremonia, debido a que uno de sus hermanos que vivía en su pueblo natal había muerto y para esa fecha tenía que trasladarse allá para los actos fúnebres.

En la fecha de la graduación, Pali optó por no asistir. No quería volver a enfrentar el sentimiento de soledad y desgano experimentado en la ceremonia de graduación del sexto grado. Y lo que era peor, no tenía con quién compartir un logro que, a final de cuentas, debía traducirse en alegría para él, y cada uno de sus familiares. ¿En dónde estarían?

Después de la ceremonia de graduación

Realizada la ceremonia de graduación del tercer año, Pali se enteró de una buena noticia: era dueño de una de las tres becas que otorgaba el Ministerio de Educación al colegio J.P. Paredes en concepto de puestos distinguidos. Así que deberá llenar todos los requisitos para hacer efectivo el cobro de la ayuda. Ahora enfrentaba un nuevo desafío, al no contar con un acudiente, porque ya no era parte de la familia Negro. Es decir, estaba en una verdadera disyuntiva, porque un acudiente debía acompañarlo para ir a la ciudad de Colón a regularizar su condición de becario. Tampoco estaba seguro si seguiría contando con la ayuda del tío Julio, en cuanto a la realización de un horno para hacer frente a los primeros gastos de los útiles y uniformes escolares, hasta que llegase el dinero a sus manos.

Después de tanto meditar, llegó a la conclusión de que era mejor hablar con el tío Julio y seguir teniéndolo como acudiente, aunque ya no viviese en su casa, después de todo la tía Mamatita no podía afrontar esa responsabilidad, era muy anciana para que le acompañara a realizar todas las vueltas y llenar los formularios de la beca.

Llegó a casa del tío Julio para hablarle sobre esa posibilidad; después de todo, el tío debía contribuir a que él pudiese cumplir con lo de la promesa de llegar a la Universidad.

Apenas lo vio desde la mesa, el tío Julio lo invitó a pasar, Pali le hizo saber que necesitaba que le hiciera un favor y, a su vez, para que le diera un consejo. Y le advirtió: "Me gustaría que nuestra conversación fuese en privado". "Qué bueno, ya eres un hombre de secretos, eso me dice que estás creciendo de tamaño, porque en el plano interno y por tu manera de actuar y conducirte eres un hombre hace mucho tiempo", recalcó el tío y, dicho esto, lo condujo afuera.

Ya a solas con él, le manifestó: "Hoy no eres igual que ayer, eres más fuerte, con una mayor madurez y capacidad para analizar y hacer las cosas, y por esa razón hoy puedes fallarte menos, a ti mismo y a todos los que confiamos en ti". Pali se percató de que el tío Julio utilizaba una nueva palabra, un nuevo calificativo hacia él: "madurez"; una palabra que si no era nueva en su vocabulario, sí la usaba por primera vez para referirse a él. ¿Habría una nueva intención en esa expresión? El tío lo interrumpió con una pregunta: "¿Qué es eso tan importante de lo que me quieres hablar?". "Tío Julio, ocurre que una vez que he optado por dejar su casa, ahora no sé si tengo o no un acudiente, y como es de su conocimiento, lo necesito para continuar en el colegio".

El tío Julio lo miró con mucha paciencia, y le contestó: "Quiero reiterarte que cuando te dije que puedes contar conmigo para lo que sea, hablaba en serio; además, el hecho de que hayas salido de mi casa no te hace diferente, ni tampoco cambia mis sentimientos; no sé si contigo ocurre igual, ni me interesa a final de cuentas". La respuesta de Pali fue inmediata: "Tío, creo que sabes que me he retirado de tu casa para evitar problemas con Jonás, y que esa salida nada tiene que ver contigo, eso te lo prueba el hecho de que cada vez que tengo un poco de tiempo me voy a la roza a compartir contigo y a darte una mano en lo que se me hace posible, y ojalá pudiera hacer muchas cosas más para ayudarte, porque sabes que siento que eres mi verdadero padre". El tío le dio un abrazo: "Bueno, sin más preámbulos, ¿cuál es el problema?" "Se trata de que me he graduado de tercer año, como ya sabes, y no solamente debo ir a otro colegio, sino que además he sido uno de los tres alumnos graduados que se ha hecho acreedor de una beca para continuar con mis estudios. Y debo llenar las formulas y documentos necesarios para obtener ese dinero"."No se hable más", dijo el tío Julio, "manos a la obra; hazme saber cuándo vamos a Colón para resolver todo, el nuevo colegio al que asistirás y qué debo hacer para ser tomado en cuenta como tu acudiente".

Así lo hicieron, todas las formalidades para la beca fueron realizadas en la ciudad de Colón y, como si fuera poco, Pali fue matriculado en el cuarto año, para estudiar como perito agropecuario en el colegio de Río Indio, sin ningún problema, al ser considerado "alumno distinguido" por el colegio anterior.

CAPÍTULO 12

Nuevo colegio, nuevos desafíos

"El desafío diario más importante de cada ser humano que se precia de serlo, es enfrentar la vida con entereza y determinación, agradeciendo a Dios por todo lo que ocurra durante ese día, en cada atardecer, sin importar lo difícil de la situación que ha enfrentado y el qué ocurrirá mañana, porque cada día es un regalo de Dios".

JOSÉ DE LA ROSA LAM.

Algunas veces, los seres humanos somos dados a creer que los cambios que anhelamos involucran un cambio de lugar, una casa para vivir, un lugar para estudiar o, simplemente, un lugar para pasar ratos especiales, ligados con momentos y episodios alegres de nuestras vidas.

Pali se dio cuenta, de manera inmediata, de que el cambio de colegio implicaba otros cambios que no eran fáciles de asumir, pero debía hacerlo si quería salir adelante y cumplir con las promesas realizadas al tío Julio, por un lado y, por el otro, cumplir con sus propios objetivos. Con el tiempo en eso se convirtió su voluntad de estudiar, en la necesidad de cumplir un objetivo trazado, tras el cual oía siempre, como una canción ineludible, la voz fuerte pero cariñosa del tío Julio, diciéndole: "Estudiar no es una opción para los pobres, sino una necesidad, y una de las formas más seguras para alcanzar el éxito". Así, la palabra empeñada al principio ya era uno de sus más anhelados objetivos, ligado a otro resonar en su mente, en el que oía al tío Julio decirle: "Cuando el hombre no tiene abolengos, ni dinero, lo único que le queda de valor es su palabra, en consecuencia, debe morir detrás de ella hasta cumplirla".

Qué difícil es vivir y hacer frente a la vida con principios tan fundamentales; y a eso agregamos el hecho de estudiar en Río Indio, que imponía más gastos de dinero de los que él disponía, y también sacrificios muy puntuales que no eran fáciles de enfrentar. Tenía que levantarse a las cuatro de la mañana, para bañarse, ponerse el uniforme y salir hacia el colegio, que quedaba entre dos horas y dos horas y media de camino, con una mochila llena libros a sus espaldas.

¿Cómo era posible que en la década de los setenta no hubiese algún tipo de transporte motorizado que trasladara a los estudiantes al colegio de Río Indio? En aquel tiempo, Río Indio era el último pueblo al que llegaba el corte de camino carretero, y no se trataba de una carretera asfaltada, sino un camino de tierra y piedras, que en la temporada lluviosa se convertía en verdaderos lodazales.

Pali y sus compañeros de aventura, porque eso era asistir a la escuela entonces, una "aventura" tenían tan mala suerte que todos los carros de transporte de pasajeros, que en realidad eran camiones con vagonetas acondicionadas para llevar personas, y el único autobús, uno muy viejo, propiedad de un señor de apellido Tuñón y al que todos conocían como "El Pato", salían todas las mañanas desde Río Indio. Así que cuando ellos iban, los vehículos venían en sentido contrario. Cuando regresaban por las tardes hacia sus hogares en Carabaluca, los automotores iban de regreso a Río Indio, en vía contraria. Eso obligaba a Pali y a sus demás compañeros, que eran pocos, a caminar alrededor de cuatro a cinco horas cada día para acudir al colegio.

Cuando era invierno, además de las largas caminatas se veían obligados a hacer frente a las inclemencias del tiempo, ya fuese un fuerte sol, que hacía levantar polvaredas en la carretera, o un gran aguacero, que dejaba lodazales en el camino que a menudo los salpicaban al pasar un auto. A pesar de todo, Pali no daba marcha atrás en el ánimo de cumplir su promesa.

Lo cotidiano de asistir al nuevo colegio

Una vez en Río Indio, Pali se dirigía a su salón de clases. Luego de cumplir con las clases académicas, tenía que ir a cumplir con sus obligaciones de campo, pues se trataba de un colegio agropecuario. En el campo debían realizar múltiples labores, como atención a la cría de cerdos de diferentes razas, que incluía desde su alimentación hasta el proporcionarles las medicinas necesarias. Otras veces debían trasladarse al otro lado del río Indio, que le daba su nombre al pueblo y lo separaba en dos partes, una conocida como "la parte baja", y del otro lado "la parte alta", esta última era donde se encontraba instalado el colegio.

Desde el lugar donde se encontraban los cerdos había que ir hasta el otro lado del pueblo, la parte baja, para cortar hierba gigante para la alimentación de los animales, esta es una hierba que crece muy alto, y que al contacto con el cuerpo humano produce una picazón insoportable, persistente. La hierba debía trasladarse en carretillas por un puente colgante que, para la época era el que unía ambas partes y servía de conexión entre los pueblos que se encontraban de uno y otro lado de Río Indio.

Entre los cerdos y la hierba gigante existía una distancia de un kilómetro, por lo que no era un trabajo fácil. También debían atender una pequeña cría de ganado vacuno, propiedad del colegio, al que tenían que alimentar y desparasitar, además de trasladar las reses de una sección del potrero a otra, para evitar el sobrepastoreo y aniquilación de la hierba.

Entre alumnos y profesores realizaban hortalizas de vegetales y frutas, como maracuyá. Se atendía además una cría de pollos, en la que los alumnos podían aprender de primera mano cómo se realizaba el trabajo, sino también cuáles eran las enfermedades más frecuentes y sus remedios.

La parte más difícil de todo lo que se hacía por lo general era realizado los jueves: limpieza y cosecha de la miel en un apiario que poseía el colegio. ¡Qué labor tan difícil! Por mucho uniforme especial que se utilizaba y por muy bueno y espeso que fuera el humo que producía la pipa para controlar las abejas, siempre les tocaba a los alumnos sus buenos aguijonazos, y Pali no era la excepción.

Después de trabajo, Pali y algunos de sus compañeros de viaje al colegio, entre los que se podía contar a los hermanos Gutiérrez, a Castro, a los hermanos y hermanas Macías, que concurrían también a diario al colegio, eran atendidos en el comedor del plantel, donde el almuerzo podía consistir en una porción no muy generosa de arroz, con una porción mucho menos generosa de tuna, preparada de varias maneras, algunas veces guisadita con cebolla y algo de pasta de tomate, y otras veces solo recalentada fuera de la lata.

Para la mayoría de los alumnos que iban al comedor, esta comida era un desastre, no para Pali, quien sabía que mucho peor era encontrarse con un plato lleno de arroz en cáscara, con la tuna o cualquier tipo de carne en la parte de arriba, como le paso innumerables veces en casa de la familia Negro.

Terminado el almuerzo, había que reposar un ratito y emprender el viaje hacia el pueblo, otras dos horas y media, o tres horas, con la frustración de enfrentar el sinsabor de que cuando iban de regreso a casa, todos los vehículos, incluyendo El Pato, iban en sentido contrario, de Colón hacia Río Indio. Para Pali, todos estos inconvenientes tenía que superarlos, porque lo más importante era cumplir la promesa hecha al tío Julio, y su propio objetivo de vida: llegar a la Universidad.

Además de asistir al colegio, Pali tenía otras obligaciones

Los noventa balboas que la beca le proporcionaba cada tres meses no era dinero suficiente para todas las obligaciones y necesidades escolares de un estudiante, sin tomar en cuenta otras actividades que son parte del crecimiento de cualquier joven.

Por tal razón, Pali se vio en la necesidad de comprometer sus sábados y domingos en colocarse en la lista de trabajadores que se necesitaban para la limpieza de fincas y la cosecha del café; otras veces se encontró brindado sus servicios como trabajador en la limpieza de potreros, en la cosecha de arroz, siembra de plátanos, o lo que se brindara según la época.

Para su sorpresa, cada una de las veces que tuvo que hacer estos trabajos en la roza o finca de cualquiera de las personas del pueblo, se veía beneficiado con una paga igual a la que recibían los adultos, es decir, tres balboas por el día de trabajo, como se pagaba entonces.

Nunca Pali se detuvo a enterarse el porqué las personas a las que fue a prestarle sus servicios como jornalero, entre ellos los señores Delgado, Kakaka, Kayín, Perlón, entre otros, por una razón u otra le pagaban la jornada completa, siendo él un muchacho. Quizás sería por lástima, por compasión o por mera solidaridad. Además, siempre pudo contar con el apoyo de su horno de carbón para la compra de sus primeros útiles escolares de cada inicio de año, por parte del incondicional tío Julio, quien no solo lo apoyaba económicamente con lo poco o mucho que podía, sino que también le ayudaba concretamente en la administración de su dinero de la beca y, lo más importante, con un cúmulo de consejos y vivencias que no podían compararse con nada: "Pali, lo cortés, no quita lo valiente"; "La violencia es una manifestación propia de la incapacidad de los seres humanos"; "La capacidad de las personas se mide por la capacidad de adaptación a las exigencias de la vida y no a las notas que se adquieren en un salón de clases"; "Por encima de la voluntad de los seres humanos, solo debe estar lo que nos conviene hacer dentro de la moral"; "No podemos juzgar a ninguna persona sin antes haber escuchado su versión, no basta con oírles"; "Nunca mientras existas debes de cesar en tu continua búsqueda de Dios como guía de tu vida"; "No hagas a nadie lo que no te gusta que te hagan"; "El fundamento de cualquier relación es el respeto mutuo", y otras cosas similares que le decía el tío Julio, y que para el muchacho no eran simples dichos si no una forma de entender la vida, de vivirla de una forma mejor cada vez.

Nunca, mientras estuvo en el colegio, Pali dejó de ayudar al tío Julio en cada una de las obligaciones que realizaba de manera regular; cuando podía iba a atarrayar, e igual le vendía el resultado de la pesca en algunas mañanas de los días sábados y algunos domingos; pilaba, algunas veces, el arroz, y otras veces iba a colaborar con el tío Julio en la roza, o le recogía, pelaba y le traía los cocos de Las Margaritas.

A pesar de enfrentar una asistencia al colegio tan complicada, seguía apoyando en la medida de sus posibilidades, cosa que él agradecía, y reforzaba su empeño en que Pali cumpliera cabalmente con su compromiso de llegar a la Universidad.

Necesidad de Pali de acercarse a una de sus tías maternas

Como resultado de asistir al Colegio de Río Indio, y las pocas veces que contaba con una comida segura donde Mamatita, Pali se vio en la necesidad de acercarse a la tía Fula, una tía que le brindaba su amor cuando, por cualquier motivo, se acercaba a su casa. En esas ocasiones ella siempre se aseguraba de que el muchacho saliera con el estómago lleno, y que esta comida fuera buena, porque era consciente de que Mamatita pocas veces cocinaba.

En ese período, como cosa de Dios, Pali desarrolló una gran amistad con dos personas que para él fueron muy importantes: su prima Petra, persona bastante especial, una mujer de armas tomar y de muy pocas pulgas, de las que no quería dejarle nada a Dios, y que por lo tanto se hizo de mala fama. Petra era morena, medio robusta, trabajadora a morir y que procuraba ser autosuficiente. Pali llegó a quererla mucho y ella a él. En Petra llegó a admirar que enfrentaba la vida de una manera decidida, asumiendo la responsabilidad plena de siete hijos habidos con un padre que ayudaba poco o nada, lo que hacía que Pali recordara a su propia madre.

Otra amistad que desarrolló Pali fue con La Chica, o Chiquitina, nieta de Mamatita. Era una mujer de baja estatura, de buen parecido, robusta, de un gran corazón, y de una ánimo y sentido del humor incomparable. A pesar de tener un esposo considerado en el pueblo como amargado, Caballo Manso, Chiquitina era todo lo opuesto: siempre jovial, capaz de ayudar a otros, y alguien que apenas se enteró de la condición de Pali, se preocupó por tenerle siempre algo de comer al regreso del colegio. Así, entre ambos surgió una gran amistad tan buena como la que mantenía con su prima Petra.

La vida de Pali, a pesar de lo pesada que era por el sinnúmero de obligaciones personales y las largas caminatas para asistir al colegio, logró que con esas amistades se le hiciera más llevadera.

La que le recordaba con claridad y regularidad a su madre era Petra; y por otro lado, Chiquitina, con su buen humor, lo mantenía siempre con una razón para reír, sin importar lo difícil que estuviera la situación.

Otra persona que con regularidad lo mantenía alejado de pensamientos relacionados con sus problemas era la tía Fula; ella, con su capacidad de dar cariño y atención para todos los que la rodeaban, hacía agradable la vida de Pali.

Chiquitina, además de nieta de Mamatita, era hermana de Purí, uno de los grandes amigos, casi hermano de Pali, lo que a ambos les hizo fácil cultivar una legitima amistad, al grado de que Chiquitina, cuando por alguna razón tenía que ausentarse del pueblo y coincidía con días sábados o domingos, o con la época de vacaciones escolares, dejaba con toda confianza a sus tres niños, dos varones y una niña, bajo el cuidado de Pali hasta que ella o su esposo regresaran. Tal labora él la llevaba a cabo con alegría, al sentir que estaba contribuyendo con Chiquitina, quien era para él como esa hermana de sangre, Ame, a la que no podía frecuentar.

La vida de Pali toma un giro inesperado, sorpresivo

Pali tuvo necesidad de enfrentar un episodio que se le presentó en el colegio Saliendo del almuerzo, le hacen saber que la directora, una profesora llamada Carmen, tenía algo que notificarle a los alumnos del segundo ciclo. Pali era alumno del cuarto año, en la sección de Peritos Agropecuarios, y pensó que debía ser algo muy importante, porque ni siquiera en el momento de cantar el himno nacional los lunes, pudo conocer a la directora del plantel, y ahora tendría la oportunidad. "Qué bueno, siempre es importante conocer al jefe", se dijo.

Bajo esa impresión, Pali y el resto de sus compañeros esperaron la reunión. Al cabo de una hora y media, volvieron a escuchar que se les requería en el aula máxima, sin imaginar qué era lo importante que se le comunicaría.

Reunidos ya, la profesora Leticia presentó a la directora, quien les comunicó que, por decisión del Ministerio de Educación, se habían quedado sin presupuesto, y como consecuencia cerrarían el segundo ciclo hasta nueva orden.

Pali creyó que oía mal. "No puede ser, mi Dios, tú eres conocedor de todas las peripecias que realizo día con día para llegar a este lugar, y muchas más tendré para ir a estudiar a cualquier otro lugar; ¿cómo le haré frente a los gastos?

Lo demás, Pali lo oía, pero no estaba escuchando. Por ese día era suficiente, no necesitaba escuchar y menos si se trataba de malas noticias, así que abandonó el aula máxima y fue a sentarse por un larga rato en la estación de autobuses de Río Indio, lo que le hizo recordar el día en que, siendo muy pequeño, después de abandonar la casa del tío Sebo, se sentó en la estación de Carabaluca.

En esta ocasión, de seguro no habría ángeles ni demonios que pudieran librarlo de la terrible noticia que acababa de escuchar. Se quedó en aquel lugar por largo rato; no supo cuánto tiempo permaneció allí. Además, no tenía apuros, cuando se levantara de tan solitaria estación tendría igualmente que enfrentar la caminata obligada hacía el pueblo.

En medio de aquel momento de desconsuelo, súbitamente apareció el rostro de su "Ángel de la Guarda", el tío Julio, diciéndole: "La verdadera capacidad de los seres humanos, no se mide en función de las notas o altas calificaciones que se puedan obtener en un aula de clases, sino en la capacidad de todo ser humano para adaptarse a una u otra situación que se le presente y en consecuencia tiene que enfrentar". Una bocanada de puro oxígeno recibió Pali con este pensamiento; ya tenía norte y sabía con exactitud hacia dónde dirigirse, tenía una conversación obligada que sostener con el tío Julio y hacia allá emprendió viaje.

CAPÍTULO 13

Otra conversación obligada con el tío Julio

"La verdadera capacidad de los seres humanos, no se mide en función de las notas o altas calificaciones que se puedan obtener en un aula de clases, sino en la capacidad de todo ser humano para adaptarse a una u otra situación que se le presente y en consecuencia tiene que enfrentar."

JULIO NEREIDA

El cierre de la sección de Perito Agropecuario en el colegio de Río Indio, supuso en el caso de Pali un efecto de tragedia. En la mayoría de los casos, cada muchacho contaba con sus padres y sus madres; sin embargo, para Pali era totalmente distinto: no contaba con sus padres biológicos y, además, sus recursos eran limitados. Tampoco sería promovido al año siguiente, perdería la beca, único recurso seguro, que aunque llegaba de manera tardía, llegaba, y resolvía los problemas económicos de tipo escolar. El hecho de estudiar en Río Indio, por otro lado, le daba la facilidad de trasladarse de ida y vuelta caminando, lo que suponía no incurrir en gasto alguno de transportación, y le dejaba algunos días y los fines de semana para ganarse algún dinero extra. Se añadía que en el pueblo Pali tenía acceso a sus familiares maternos y en especial a su tía Fula, pero nada de eso sería posible si tenía que trasladarse a estudiar a cualquier otro lugar, como la ciudad de Colón, que después de Río Indio era la opción más cercana.

Esa misma tarde Pali se dirigió como por inercia a casa de la familia Negro; necesitaba conversar de manera urgente, obligante, de vida o muerte, con el tío Julio. Sabía que, tal vez, en el tío no iba a conseguir la solución, pero estaba seguro de que conseguiría, cuando menos, eliminar el sentimiento de soledad y de total abandono que ahora lo estaba matando y que hacía mucho ya no sentía.

La señora Rosa le dijo que él no estaba en casa, que debía ir a la playa, donde el tío Julio había ido a caminar. El pueblo se encontraba establecido en un caserío al lado del río Lagarto, de gran tamaño y de buen caudal que, recorridas unas cinco millas, se dividía en dos brazos: una conocida como Caño Quebrado por sus muchas curvas; y la otra, conocida como Mateo. El pueblo de Carabaluca hacía frente al océano Atlántico en donde contaba con una amplia y bella playa de arena multicolor. En las orillas del mar, después de la bajamar se encontraba una inusual plantación de cocoteros que era encanto de propios y extraños. Esta playa, por las tardes, hacía las veces de parque para que los moradores del pueblo, en especial la gente de mayor edad, lo utilizara para pasear e ir al puente de madera que atravesaba el río uniendo Carabaluca con Chagres, que era el distrito de aquella región.

Pali se dirigió en medio de sus múltiples y atribulados pensamientos a la playa para era aquel encuentro urgente. Él solo no podía cargar con el peso de la situación.

Una vez frente al tío Julio, lo abrazó, por lo que este le preguntó qué le ocurría; lo conocía demasiado bien, tanto o más que un padre al hijo, y en semblante de Pali se daba cuenta de que atravesaba por un verdadero mal momento.

Pali no pudo darle una respuesta instantánea; en ese momento dio rienda suelta al llanto, a las lágrimas que había contenido desde que se enterará de la funesta noticia del cierre del segundo ciclo, en el que Pali tenía cifradas tantas esperanzas. El tío Julio, de manera afectuosa, le dijo: "Llora todo cuanto quieras, mi hijo, que eso no hace daño, a veces es más que necesario; pero estoy seguro de que en el mundo no existe problema que no tenga solución, aun cuando no sea la que esperamos, de eso estoy tan seguro como de la existencia de Dios, y de que Dios no abandona a ninguno de sus hijos y tú eres uno de ellos. Si te sirve de consuelo aún no conozco cuál es el problema, pero de más está decirte que cuentas conmigo sin condiciones".

Así permanecieron abrazados por un largo rato, sentados sobre un trozo de árbol seco, de esos que abundan en las playas, y que muestran con claridad los embates del tiempo y las rudas consecuencias de estar expuestos a los avatares del mar.

Una vez calmado, Pali le hizo conocer lo que los administradores del colegio les informaron, y sus temores de perder el año, perder la beca, y ya no poder asistir a la escuela porque no tenía ni recursos ni donde quedarse en la ciudad de Colón.

El tío Julio se limitó a contestarle: "Todo estará bien, te lo prometo, no pienses en ello hoy, mañana será otro día y lo afrontaremos juntos, al igual que juntos encontraremos la solución".

¿Se encuentra la solución?

En ocasiones, todos los seres humanos nos vemos enfrentados a situaciones poco deseables, pero hay que admitir que la vida, al igual que todo lo que hace parte de ella, nos sitúa bajo condiciones difíciles, algunas que más parecen imposibles; sin embargo, es interesante darse cuenta de que hay personas que, sin importar cuán difícil y complicada sea una situación, no se quejan de nada ni por nada. Pero hay más de admirar en quienes, incluso en estas circunstancias, ven el lado bueno, el lado amable de las cosas. Esa precisamente, era la clase de persona que era el tío Julio. Qué acierto tuvo al señalarle a Pali que no era necesario sacar conclusiones de una situación difícil en las condiciones de desesperación en que se encontraba, y que al día siguiente, enfrentarían juntos la difícil situación.

Al amanecer Pali se encontraba recostado, aunque despierto, en la cama en donde dormía en la casona propiedad de la familia Garibaldi Alcázar, apellidos de Mamatita. De manera repentina, fue sacado de sus pensamientos por un toque en la puerta. Pali utilizaba una recámara que daba con una esquina de la casa, hacia el lado izquierdo. Una vez en la puerta, se dio cuenta de que era el tío Julio, quien le daba los buenos días, sonriente: "¿Te sientes mejor? ¿Más tranquilo? Ahora sí, cuéntame en detalle lo ocurrido, antes de que me vaya a la roza".

Pali le reiteró que se trataba de una situación nada fácil, y que corría el riesgo de reprobar y perder la beca. "Es preciso iniciar por allí", dijo el tío Julio, "Mañana iré a tu colegio y pediré una explicación sobre lo que debemos hacer para que no seas despojado de tu beca; tú no has reprobado y no puedes verte perjudicado por una decisión alejada de tu control. Lo menos que pueden hacer es respetar tu derecho esa ayuda merecida por ser puesto distinguido, y no por tu condición social, como ocurre en otras ocasiones".

Una vez las cosas se pusieron en marcha Pali se sintió más tranquilo, dándose cuenta de que las cosas estaban en manos de un buen piloto, "su Ángel de la Guarda".

Al día siguiente el tío Julio dejó de realizar sus labores cotidianas y se hizo acompañar por Pali a la población de Río Indio. Cuando tuvo la oportunidad de experimentar las horas de camino que a diario enfrentaba Pali para llegar a aquel lugar, se dijo para sus adentros: "En verdad este muchacho está empeñado en hacer cumplir su promesa, ojalá Dios lo ayude en tan difícil compromiso". Cuando llegaron al colegio, el tío Julio se encargó de todo; sostuvo una larga conversación con la profesora Carmen, quien le ratificó la suspensión del año lectivo por falta de presupuesto para hacer frente a las obligaciones con los profesores y demás cargos. Pero, además, le hizo saber que los estudiantes becados no se verían perjudicados, porque bastaría hacer llegar a la institución rectora, el Ifarhu, una nota del colegio que certificara los motivos del cierre y, por lo tanto, no era responsabilidad de los becados la situación.

Acabada la reunión todos salieron satisfechos, con relación a lo de mantener la beca, pero en el fondo los problemas e inconvenientes de Pali y el tío Julio continuaban; en primer lugar, no se sabía por cuánto tiempo esa sección del colegio estaría cerrada; y en segundo lugar, hacia dónde iría Pali a continuar sus estudios con tan pocos recursos. Pero era momento para celebrar, y no para pensar en problemas tan difíciles, por lo que el tío Julio, aun cuando estaba preocupado por el futuro de Pali, sonrió y le dijo: "Nuestra beca continúa, prepárate Universidad, para las soluciones de mañana, Dios dirá".

Pali se ve obligado a definir a cuál colegio asistir

Ahora estaba frente a la posibilidad de poder continuar estudiando, pero seguía con el problema de a cuál colegio asistir. Pali decidió tomarse el resto del año para decidirlo, por lo que volvió a hacerle frente a la vida diaria, y ayudando al tío Julio en la roza.

En una de las tantas veces que Pali realizó la cosecha de cocos en Las Margaritas, venía en camino con el motete lleno de cocos, cuando decidió tomar un atajo. Agotado por el inclemente sol de aquel día, se encaminó por el camino de la playa, que bordeaba el mar. No solo era más corto, sino menos soleado como resultado de la gran vegetación. Así fue a dar a la entrada de una parcela de propiedad de la familia Rodríguez, en la que al padre todos conocían como "Señor Viejo". Pali fue visto por un señor apodado "Peludo", que se encontraba en la parcela. Al final del día, "Peludo", de manera inexplicable, les dijo a los hijos del señor Rodríguez que Pali se había robado sus cocos, lo que ocasionó que Pali fuera llevado a la corregiduría del pueblo y acusado de ladrón.

Frente al corregidor, Guillermo Muñoz, Pali esperaba lo peor. ¿Quién le creería que los cocos que traía aquel día eran de la finca de Las Margaritas, del tío Julio, y no de la parcela de los Rodríguez, donde también tenía cocoteros? Una cantidad de personas se aglomeraba y veía a través de las ventanas para ver cuál sería el final del vagabundo, del huérfano, del recogido. Pali pudo ver entre ellos el rostro satisfecho del tío Sebo, para quien se cumplía un pronóstico: "Ese muchacho es un pichón de delincuente" y ya estaba dando muestras claras de lo que sería.

Cuando todo era tragedia para Pali y su tío Julio, que siempre lo estuvo apoyando, en medio de aquel tan desagradable problema, apareció Jonás. Todos quedaron extrañados, sobre todo Pali, ¿qué hacía Jonás en medio de la audiencia que se celebraba con ocasión del supuesto robo de cocos?

Para sorpresa general, Jonás pidió la palabra y le fue dada. Le relató al corregidor y a todos los presentes que él, efectivamente, vio a Pali ese día, cuando se desvió por el camino que llevaba a la parcela de los Rodríguez, y que en ese momento ya tenía el motete lleno de cocos, por lo que la acusación del señor "Peludo" no era cierta. Este relato lo hizo de tal forma, que todos quedaron convencidos, por lo que el corregidor preguntó una vez más al señor "Peludo" si en verdad vio a Pali pelando cocos en la parcela de los Rodríguez, o si cuando lo vio ya tenía el motete lleno. Este no tuvo más remedio que contestar que, en efecto, lo vio ya con el motete lleno.

Como resultado, Pali fue absuelto, pero una vez terminado el incidente, Pali decidió que tendría que irse del pueblo, y que estudiaría en cualquier colegio en la ciudad de Colón.

Pali decide realizar sus estudios de Segundo Ciclo en Colón

Todo aquello le sirvió a Pali para decidirse a anunciar su partida hacia Colón. Habló con La Chica, nieta de Mamatita, a quien le hizo saber que se iría del pueblo.

"La Chica", lejos de desanimarlo en su idea, le dijo: "Si en verdad te atreves, creo que es lo que debes hacer, allá tienes mucha más oportunidad de estudiar. Y el colegio en Río Indio ni siquiera sabemos cuándo será reabierto, entonces creo que estás pensando bien".

Con estas palabras se fue a dormir; estaba cansado y no tenía ánimos para más. Lo que más lo deprimía era pensar que su tío Sebo, siguiera teniendo un concepto tan malo de él.

A la mañana siguiente salió y se detuvo en casa de su prima Petra, le comentó sobre sus deseos de irse para Colón. "Allá puedo trabajar, puedo estudiar; de seguro que la plata de la beca me puede alcanzar un poco más". La prima Petra como que no estaba del todo convencida, y llegaron las preguntas: "¿Y dónde vas a vivir? ¿Quién puede ayudarte allá? Tú no conoces a nadie en Colón, ¿estás seguro de que eso es lo que quieres hacer?". "No estoy seguro de nada; pero sí estoy muy seguro de que no quiero seguir aquí en el pueblo, creo que el tío Julio tiene razón al decir que" 'monte no da otra cosa que monte', y que no me quiere ver siendo un agricultor de mala clase".

La prima Petra, al verlo resuelto, le preguntó: "¿Cuándo te irías?" "Cuanto antes, mejor", fue su respuesta. La prima Petra sacó de sus senos un billete de lotería tipo chance, inscrito con el número sesenta y nueve, el que jugó en el sorteo del domingo anterior. "Cuentas con todo mi apoyo, este billete gana once balboas, es lo único que tengo. Cuando vengas los fines de semana no te olvides de venir a mi casa a ver si en algo te puedo ayudar".

Pali notifica al tío Julio la decisión de irse a Colón

Al llegar a casa de la familia Negro, Pali fue recibido por Jonás, quien se encontraba sentado en la puerta de la casa que no tenía escalera, vestido con un pantalón diablo fuerte, de esos a los que la gente llama "rompe clavos", una camisa blanca de bolitas negras, las piernas colgando en el vacío.

Se alegró al verlo, a pesar de todo lo malo que le tocó vivir con él. No sentía ni ápice de rencor o de mala voluntad, y lo único que le vino a la mente fue decirle: "Te agradezco por haber dicho la verdad al señor corregidor". Jonás se limitó a contestarle: "No te preocupes por eso, mi padre no está, creo que debe andar por el monte".

Pali se dirigió a la roza y, en efecto, como ya era medio día, halló al tío Julio sentado en el pequeño rancho construido para tomar sus descansos y merendar. Pali le saludó de manera cordial, y sin haber entrado en los detalles de siempre, conocía al muchacho y le era fácil darse cuenta cuando se traía un problema entre manos. Así que le preguntó, de manera muy pausada: "¿Qué te trae por estos lares?". Pali contestó: "¿Termina tu almuerzo y luego te cuento?" Pero el hombre lo incitó a que le contara de una vez lo que le preocupaba. Pali le comunicó su determinación de irse a la ciudad de Colón a concluir con sus estudios. "Sé que no puedo persuadirte de que te quedes, si has tomado la decisión de irte, te conozco, y cuando tomas una decisión no eres de las personas que retrocede. Pero creo que deberías razonar o pensar un poco más al respecto, no vas a estar en Colón con ninguna persona en especial, allá no conoces a muchas personas, por no decir a nadie, y tampoco cuentas con los recursos suficientes como para mantenerte en Colón, porque la beca, no es suficiente".

Pali, de una manera muy calmada, le dijo: "No te preocupes, tío; te aseguro que cumpliré tu promesa, que hoy es uno de los objetivos de mi vida, llegaré a la universidad, no importa lo que tenga que hacer para ello, y cuando hablo de lo que tenga que hacer, no me refiero de ninguna manera a llevar a cabo cosas que estoy seguro de que no aprobarías".

El tío Julio lo miró pensativo. "Quiero que sepas que esta ida a Colón yo no la apruebo del todo, por lo que ya te he dicho. Creo que debieras esperar a ver qué tanto tiempo permanecerá cerrado el colegio antes de irte. Pero reitero: te conozco y sé que no puedo persuadirte en lo que a tu decisión se refiere. ¿Cuándo te irías?" Pali le contestó con una determinación sin igual: "Mañana mismo".

Una vez en casa de Mamatita, le comunicó su decisión; la tía, le habló de los inconvenientes que implicaba irse a la ciudad de Colón:"En Colón no es igual que aquí, en el pueblo por lo menos tienes a tus familiares y la ventaja de que todos te conocemos y en cualquier lugar puedes conseguir un plato de comida". Pali contestó: "Estoy más consciente de lo que creen acerca de lo que voy a enfrentar en Colón, pero créame que estoy dispuesto a enfrentarlo; por eso me voy mañana mismo, así me queda un tiempo para adaptarme antes de entrar al colegio".

Mamatita sabía que él se iría, pero no esperaba que fuera tan pronto. Pali preparó su maleta para el viaje del día siguiente; tomó la bolsa de papel manila, metió los tres o cuatro pantalones cortos, con las tres franelas blancas sin mangas, un poco desgastadas por las muchas veces que fueron lavadas, y esta vez agregó otra a la bolsa el uniforme del colegio de Río Indio, casi nuevo, porque no había terminado de utilizar, y un par de zapatos, que ya no eran Sandak ni de caucho, sino botas de cuero sintético, de las utilizadas en los colegios agrícolas.

Pali se dispuso a dormir, porque en la mañana necesitaba estar bien despierto; después de todo le esperaba un día muy duro, tomando en cuenta, que ni siquiera sabía adónde viviría allá en Colón.

Muy temprano tomó su maleta y se dirigió a la estación de autobuses; era hora de dejar todo atrás e ir en pos de esos sueños de universidad.

Ya en la estación, notó un movimiento inusual en los alrededores de la corregiduría del pueblo. Él se encontraba sentado en la estación, esperando por el vehículo que lo llevaría a la ciudad. Ojala fuera "El Pato", pensaba, porque nunca se había montado en ese autobús y la verdad es que se veía muy cómodo. Abstraído en ese pensamiento, se le acercó el policía Abraham, y le comunicó que debía acompañarlo. "¿Qué pasaría?, pensaba. "¿Se arrepintió el señor Muñoz, el corregidor, de dejarlo en libertad por el problema de los cocos?". El policía se limitó a decirle: "El corregidor te explicará".

En el despacho del señor Muñoz, este le hizo saber que su tío Sebo, quien estaba allí presente, presentaba una queja para que no se le dejase salir del pueblo, porque él era menor de edad, y que lo que iba a buscar a Colón eran problemas para él y el resto de la familia.

Pali tomó aire, y con una tranquilidad impensable, le pidió al corregidor que le preguntara a su tío Sebo cuántos platos de comida le había regalado en los últimos seis años, y además si durante esos últimos seis años el tío Sebo supo o se preocupó por saber adónde y con quién dormía él. ¿Cómo entender cuál era la preocupación del tío Sebo?

Gran cantidad de personas estaban ya aglomerados en las ventanas de la corregiduría, incluso el tío Julio, pero Pali, empeñado en su viaje, seguía diciendo: "Además, señor Corregidor, quiero saber de qué se me acusa, que yo sepa no he hecho nada malo; irme, lejos de perjudicar a alguien, de seguro que aliviará el odio de mucha gente".

El corregidor tomó la palabra y le dijo a todos los presentes que en realidad nadie que no tuviese la custodia de Pali le podía prohibir que se fuera del pueblo, y que él sabía que quien tenía la custodia podía ser Julio Negro, o Mamatita, y pidió que trajeran a ambos a la corregiduría a ver si tenían alguna objeción.

Así se hizo, y ambos dieron su consentimiento, por lo cual Pali volvió a la estación de autobuses del pueblo a esperar a "El Pato" o a cualquiera de los vehículos que lo llevaría a Colón.

CAPÍTULO 14

Pali llega a la ciudad de Colón por primera vez

"Se habían acabado las bromas. Esto no era sangrar por la nariz como cuando Marga me la había roto en la buhardilla de su casa toda una vida antes. Esto era sangrar por todos los poros con todas las venas rotas".

FERNANDO SCHWARTZ

Mientras el camioncito que usaba el viejo Neito avanzaba a través del camino de piedras, iba encontrándose con tramos muy disparejos que daban la sensación de que no se andaba en tierra, sino en la luna; Pali, a bordo del vehículo, pensaba en todo lo que ocurrido durante los últimos días, y en el hecho de haber vivido por tanto tiempo, en el pueblo y nunca, ni cuando tuvo aquel grave incidente con Jonás, debió tocar ni para bien ni para mal los estrados de una oficina pública correccional, y en esos recientes días debió hacerlo en dos ocasiones, y en calidad de acusado.

El vehículo del señor Neito llegó a las afueras de la ciudad de Colón. "Qué belleza", pensó Pali, cuando estuvo en los alrededores de una de las esclusas del Canal de Panamá, las de Gatún. "¿Dónde estuve todo este tiempo, que no he podido apreciar todo esto?", se preguntaba, luego de haber cruzado las esclusas. Al poco rato llegó el vehículo a la ciudad de Colón, que por el día alojaba a unos 170,000 habitantes y en la noche unos 100,000 por aquel tiempo, comportamiento normal para una ciudad de tipo portuario como era Colón.

Una vez en la ciudad, comenzó para Pali un verdadero calvario. Fue en ese momento cuando tomó plena conciencia de que, a diferencia de todos los que viajaban en ese vehículo, no solo no sabía a qué lugar dirigirse, sino que desconocía a la casa de quién iría.

"Bueno, jovencito, aquí es la última parada" y debes bajarte", le advirtió el conductor. Se encontraba en Calle Séptima de Colón, donde se podía ver el comienzo de un inmenso parque, que tenía a ambos lados gran cantidad de palmas reales, las que, lejos de representar una belleza y motivo de alegría para Pali, acrecentaron su temor. "¡Qué gran ciudad!", pensaba, "Y ahora, ¿cuál será el camino que debo seguir, hacia dónde debo dirigirme? Lo embargó un gran deseo de devolverse a su pueblo, pero en ese momento se le presentó la cara del tío Julio, diciéndole: "La verdadera capacidad de los seres humanos no puede probarse en el aula de clases, tomando como referente las calificaciones que obtenga, sino como resultado de su capacidad para adaptarse a una u otra situación". Como por arte de magia, esto le infundió gran valor y pensó: "No hay nada que temer, con la ayuda de Dios todo es posible. Y, sin vacilar más, emprendió camino en línea recta, sin tener idea de hacia dónde iba.

Pali enfrenta su primer día en la ciudad de Colón

Pali, a pesar de no tener seguridad, se dirigió con ayuda de los transeúntes, a las instalaciones de la Escuela Nocturna Oficial de Colón. Estaba determinado a continuar sus estudios y era necesario que iniciara con la matrícula. En la escuela fue atendido por un señor llamado Jack, quien le hizo saber cuáles eran los requisitos para ser alumno del cuarto año. Pali cumplía con todos los requisitos exigidos, excepto que al momento de matricularse debía hacerlo una persona mayor de edad, quien representaría al alumno ante el colegio, pues era necesario justificar el porqué un menor acudía a una escuela nocturna.

Pali se vio frente a un gran escollo, pero no se dio por vencido. Caminó hasta la estación de autobuses. En alguna ocasión, el tío Julio le contó que tenía un hijo, Raimundo, quien trabajaba a diario cerca de la estación de la Costa Abajo, vendiendo víveres y algunos enseres en una carretilla.

Pali llegó al lugar y, preguntando a varias personas, encontró a Raimundo, quien dio la impresión de que lo estaba esperando. "Hola Pali, ya me dijo mi padre que te ayude en todo lo que pueda; como verás, no será en mucho. Vivo de lo que puedo ganarme vendiendo víveres en esta carretilla, pero de más está decirte que cuentas conmigo". "Lo que necesito es que me acompañe a la Escuela Nocturna Oficial, para poder matricularme; yo cumplo con todos los requisitos, excepto el tener un acudiente".

El señor Raimundo aceptó, pero le hizo saber que no tenía con quién dejar su carretilla, y que no iba a poder estar visitando el colegio, ni tampoco asistiendo a las reuniones a las cuales los padres de familia y acudientes tienen que ir.

Pali le dijo que lo importante era que lo ayudara a ingresar a la escuela y que después él vería cómo hacer. Raimundo consiguió quien le cuidara la carretilla y se dirigieron a la Escuela Nocturna Oficial. Allí obtuvo la ayuda de una secretaria que era conocida de Raimundo, quien le hizo el favor incluso de llenar las formas con relación a las razones del porqué Pali, siendo menor y estudiante becado, estudiaría en una escuela nocturna y no en una escuela regular.

A continuación le fue entregado un listado de todo lo que necesitaría para su ingreso y además el uniforme que utilizaría: pantalones largos azules, camisa blanca de mangas cortas y zapatos negros de cordones. Todo esto no era otra cosa que problemas; Pali, en su condición de becario, obtenía los recursos cada tres meses, y casi siempre con atrasos; tenía un billete de lotería que era ganador de once balboas, que aún no cambiaba, regalo de la prima Petra; contaba con alrededor de veinte balboas más que le facilitó el tío Julio, de los cuales ya se había gastado tres con cincuenta centavos en la matrícula,

¿cómo haría para comprar lo que necesitaba para ingresar a la escuela?

Tampoco sabía en dónde ni con quién viviría, y si los dineros no alcanzaban para hacer frente a los gastos de primer ingreso, mucho menos alcanzaría para obtener un lugar donde vivir. No obstante, tanta era la confianza en Dios y en los consejos y dichos del tío Julio que, aun bajo esas circunstancias y sin rumbo fijo, se sentía con una inmensa alegría.

Ya estaba matriculado y en carrera hacia la universidad y al cumplimiento de su promesa y de su objetivo de vida; por los demás, pensaba en las enseñanzas del tío Julio: "Mañana será otro día y Dios proveerá".

Pali debe buscar dónde pasar la noche en Colón

Ahora Pali se encontraba en un lugar desconocido, no tenía idea de las calles ni de la gente, sin tías ni Mamatita, ni Fula, ni la prima Petra, ni La Chica, quien tantas veces le sació el hambre; tampoco podía contar con un tío Julio Negro, su Ángel de la Guarda que le diera por lo menos un consejo. Estaba solo, totalmente solo en la ciudad de Colón, y lo embargaba aquel sentimiento de soledad y de total abandono que sintiera cuando por primera vez salió de la casa del tío Sebo, y que volviera a sentir cuando tuvo los inconvenientes con Jonás.

Ahora sí estaba solo, solo contra el mundo, y no era difícil adivinar que en aquel lugar las cosas no serían nada fáciles.

Debía buscar un lugar donde pasar la noche, sin pérdida de tiempo, y así lo hizo. En el Parque Central se encontró con varias personas que tenían un denominador común: empujaban una carretilla con muchos trapos viejos, llevaban como vestimenta harapos que los hacían lucir andrajosos; además, casi todos portaban una "chata", una pequeña botella de alcohol de diferentes clases, que de seguro lo utilizaban como fórmula para aplacar el frío de la noche. Pero en medio de toda esa gente rara, él no tenía tiempo para sentirse en soledad y mucho menos del abandono, por lo que llegó a la conclusión de que aquel era el mejor lugar para pasar su primera noche en la ciudad.

Ya se disponía a tomar una de las bancas del parque cuando uno de esos señores mal vestido y de mal olor se le acercó y le dijo: "Hola, muchacho, ¿qué haces aquí? Este no es lugar para una persona como tú". Pali no supo por qué, pese al aspecto y al olor nada agradable de aquel hombre, no sintió miedo. Era una persona de mediana edad, de estatura baja, que aparentaba mucha mayor edad de la que debía tener, porque lucía como una hoja marchita. Dado que le habló de una manera amable, él no pudo hacer otra cosa que contestarle igual; después de todo, no sabía cuántas noches le tocaría hacerse acompañar de esos hombres, y él era la primera persona que le dirigía la palabra después de haber dejado a Raimundo.

"No tengo dónde pasar la noche ni tampoco sé a dónde ir; los he visto aquí reunidos y, por lo menos aquí, tendré compañía". El hombre respondió: "Pero no será por mucho tiempo, aquí solo pasamos la prima noche, cuando llega la hora de dormir, vamos a la callecita contigua al mercado público, es en ese lugar en donde en realidad tenemos un lugar que nos ha asignado el Municipio de Colón para todos los carretilleros y ayudantes. Pero somos conocidos como "alcoholitos", para no decirnos "borrachos habituales".

"¿Habrá algún problema en que, cuando se vayan a ese lugar, yo lo haga con ustedes?", consultó Pali. "No por mi parte no hay ningún problema, y no creo que tampoco sea un problema para los demás, después de todo aquí siempre hay unos menos o unos de más. Por cierto, mi nombre es Juan Peña, pero todos me llaman Peña solamente. ¿Cómo te llamas?". "Me llamo Pali, es un nombre fácil de recordar. Es mi primer día en la ciudad, vine porque voy a asistir a la Escuela Nocturna Oficial de Colón; me he matriculado para el cuarto año", explicó el muchacho. "Bueno, te felicito, eso está muy bien; pero sigo pensando que este no es un buen lugar para ti; bienvenido al grupo, y tienes a un nuevo amigo, recuerda: Peña". "Sí, señor Peña, muchas gracias".

Pali se sintió mucho mejor, por lo menos, ya contaba en la ciudad de Colón con su primer conocido, o su primer amigo. Ahora por lo menos sabía dónde dormir: en una callecita contigua la mercado público de Colón, conocida "La Calle de los Alcoholitos".

Al día siguiente la vida tiene que continuar

Había amanecido y Pali junto con su nuevo amigo Peña, se disponían a realizar algo que rindiera frutos por el bien de ambos. El señor Peña se hizo de su vieja carretilla y le dijo: "Jovencito, tenemos que hacer hoy algo productivo por nuestras vidas, por ello te recomiendo que me acompañes y a lo mejor con un poco de suerte, haremos algo de dinero que, en mi caso, lo necesito; no sé tú, porque pienso que un día de estos así como has amanecido ya no estarás: tú no eres parte de esto".

Durante el resto del día Pali ni siquiera se podía dar cuenta de lo que ocurría. Lo cierto es que era parte de un equipo de mudanzas ambulantes, del que no supo cómo quedó siendo parte. Cargaban verduras, muebles viejos, colchones, trasladaban basura, lo que fuera; lo cierto es que al final del día había trabajado mucho y descansado poco, y sin comer, aunque los del equipo sí consumían bastante alcohol, en especial un licor al que conocían como "El pajarito", que era una bebida alcohólica que contenía anís, muy popular por ser de las más baratas. Como Pali no era consumidor de licor, ninguna de esas pequeñas botellas podía aplacarle el hambre atroz que sentía después de tan exigente labor.

Al caer la tarde fue invitado por el señor Peña para que comieran algo, mientras él se decía: "Si no fuera porque no quiero seguir teniendo una vida de recogido, ahora mismo tomaba un bus de regreso al pueblo; allá cuando menos, tengo la seguridad de que no voy a estar aguantando tanta hambre, porque al trabajo ya estoy acostumbrado. Pero no volveré porque eso implicaría que no asistiría a la escuela, y tampoco cumpliría la promesa hecha al tío Julio, y tampoco podría llegar a la universidad".

Pali enfrentaba otra gran necesidad: la de obtener algo de dinero para hacer frente a la larga lista de útiles escolares. Quizás con el señor Peña podría lograr algunos recursos, cosa que no podría hacer si se fuera para el pueblo.

Transcurrieron algunos días y, aunque Pali trabajaba día tras día de una manera muy fuerte ayudando al señor Peña en cada una de sus tareas, en su mayoría, mudanzas de chatarras y cachivaches viejos, no recibía paga alguna. El señor Peña, se preocupaba de que comiera todos los días, casi siempre se trataba de uno o dos panecillos llamados "michas", con un tercio de leche o de una bebida cualquiera, a los que en algunas oportunidades sumaba una o dos rebanaditas de queso blanco o amarillo. En otros días, por la noche, en la Calle de los Alcoholitos", el señor Peña le permitía dormir bajo su plástico transparente para no mojarse el cuerpo, porque la cabeza debía quedar fuera del plástico para poder respirar y, en consecuencia, quedaba al descubierto.

Cuando Pali se dio cuenta de que no podía seguir en compañía del señor Peña, decidió hablar con él para arreglar cuentas. Aquello solo le sirvió para saber que de él no recibiría un solo centavo; al contrario, le dijo que era un malagradecido, que lo había recogido en la calle, ofreciéndole dónde dormir y dándole de comer por todo el tiempo que estuvo con él y su carretilla; le hizo ver que todos los clientes y las herramientas con que se realizaban los trabajos le pertenecían, así que en adelante no lo quería volver a ver por esos lares.

"¡Qué cosas tiene la vida!", pensó Pali, con todos los enredos y dificultades que debió confrontar hasta entonces, nunca lo habían corrido de ninguna parte, y ahora de una manera irónica lo estaban botando, precisamente de la calle, donde vivía por aquellos días. Ya no quedaba nada que hacer allí, era momento para buscar otros sitios que le brindaran una verdadera posibilidad de completar el dinero para la compra de los útiles escolares y para tener un lugar donde pasar noches más tranquilas.

Pali se decide a buscar un empleo

Cuando Pali salió de casa de la familia Negro, llegó a pensar que todos sus problemas, o por lo menos los más graves, quedaban resueltos al dejar atrás a Jonás; y en realidad no era así. Ahora sentía que lo que estaba viviendo y enfrentando en Colón era más complicado. A la vez, era consciente de que la manera de enfrentarse a estos nuevos problemas no consistía en regresar al pueblo y olvidarse de todo. Quizás esa era la formula fácil, pero ¿dónde quedarían las enseñanzas de vida del tío Julio? No, de ninguna manera podía tirar la toalla. Luego pensó: ¿Y si tan solo voy al pueblo por este fin de semana, como bien y regreso? Porque estoy seguro de que en mi pueblo por lo menos la comida la tengo, y no será como la que he ingerido estos últimos días con mi examigo, el señor Peña, sino una buena comida… Pero esa no es la salida; si voy a mi pueblo no volveré, porque aquí nada es fácil, no tengo dónde dormir, no sé qué haré ni que me depara el día de mañana. Es mejor dejar de creer en pajaritos preñados, como dice el tío Julio, y ponerme a buscar un empleo".

Así, Pali emprendió una búsqueda frenética de empleo por toda la ciudad; caminó a lo largo de cada calle, preguntando en todos los comercios, tiendas, mercaditos, supermercados, panaderías, ventas de materiales de construcción, lavanderías, talleres de mecánica, talleres de carpintería, y hasta en los negocios de compra y venta de chatarras o en las cantinas, y siempre encontró como respuesta un no.

Algunos le respondían que no tenían vacantes; otros, que no podían emplear menores de edad; algunos le advertían que debía estar en la escuela y no buscando trabajo; y no faltaban los que le negaban la oportunidad porque no tenía experiencia; lo cierto es que razones no faltaban para cerrarle las puestas.

Después de tanta consulta sin resultados, se vio de nuevo frente a la prima noche, con el agravante de que ahora ya no podía unirse al grupo del señor Peña. Eso le hizo notar lo grande que era su problema. Con muy poco dinero en los bolsillos, sin lugar donde poder ir a pedir ayuda, sin conocidos y sin un lugar en el que dormir. Aun bajo esas extremas y difíciles condiciones, se encaminó hacia la parte final de la ciudad, caminando de norte a sur, y llegó a orillas del mar Caribe; sí, el mismo mar frente al que en innumerables tardes tuvo la ocasión de pasear en compañía de "su padre", el tío Julio.

Allí vio un parque, al que se conocía como parque Centenario, y en este, rendido por el cansancio y la desilusión, se quedó dormido sobre una banca, en compañía de su maleta, recordando las palabras esperanzadoras de su tío: "Mañana Dios dirá".

Despertar en medio del parque

Cuando Pali despertó, se dio cuenta de que había pasado la noche en un parque, desconocido, el que ahora estaba lleno de personas que iban de un lado al otro, sin que él pudiera conocer a nadie como en su pueblo. Ahora debe asearse para continuar, y toma camino hacia las calles que lo conducen a la playa; a la altura de la Calle Sexta, en la avenida Bolívar, nombres que para entonces él desconocía, se encontró con una casa que tenían baños comunales, los que no estaban cerrados con llave. De inmediato se introdujo en uno de estos y se dispuso a tomar un baño, como si se tratara de un nuevo inquilino del edificio comunal. Ninguno de los residentes del edificio repara en Pali, y de manera natural cada uno de ellos hace una fila para esperar su turno, y al salir lo saludan con gran naturalidad. Todos asumen que se trata de un nuevo vecino, lo que anima a Pali a dirigirse al lavadero para lavar la ropa que venía utilizando y, una vez termina esta labor, la coloca en los tendederos comunales.

Se dispuso entonces a reanudar su tarea de buscar un trabajo; por lo menos ya tenía la tranquilidad de contar con un lugar donde bañarse y "palomear" cada una de sus prendas de vestir, recordando a la señora Rosa, quien le enseñó que uno puede ser pobre, pero siempre ha de estar y ser limpio.

Pali volvió a la calle, preguntando en cada negocio si podían darle una oportunidad de trabajar, sin importar la naturaleza de la labor. Era preciso hacerse de un trabajo, antes de que las clases dieran comienzo, y el dinero del billete de lotería premiado, guardado con tanto celo, no era suficiente.

Pero entonces fue sorprendido con una gran noticia en medio de todos sus nuevos problemas. Después de haber andado por toda la ciudad en busca de un trabajo que nunca encontró, cansado de tanto caminar y con un hambre canina, decidió acercarse a la parada de buses, donde encontró al señor Raimundo. Este le dijo que llevaba varios días tratando de ubicarlo, por instrucciones del tío Julio, quien le enviaba un sobre. Qué felicidad, entre tantos problemas, recibir una carta del tío Julio, su "Ángel de la Guarda", su "verdadero padre", cuyas conversaciones a diario extrañaba, al igual que su bondad y sabiduría. Esa carta era lo más refrescante y maravilloso que podría recibir en aquel momento. Ni siquiera dio las gracias al señor Raimundo, se acomodó sobre un cajón que se encontraba en una esquina y abrió el sobre.

Para su sorpresa, no solo era una carta, sino que traía adjunta la cantidad de dinero necesaria para que pudiera comprar los útiles escolares y el uniforme para asistir a la escuela, hasta que recibiera la plata producto de la beca. Y junto al dinero, las palabras reconfortantes del tío Julio:

"Hola. Pali, ¿cómo estas? Espero que bien, quiero que sepas que hoy cuando leas esta carta, eres una persona con características superiores a la persona que eras el día de ayer.

Eres más grande, más fuerte, más inteligente, más capaz para comprender y enfrentar los embates de la vida, y las exigencias de tener conciencia de estar vivo. Es por esa razón, que no tienes excusa válida para fallarte a ti, ni a ninguno de los que en ti confiamos incluyéndome, y no olvides nunca tu promesa: la escuela no es negociable".

CAPÍTULO 15

Pali, Colón y la continuación de su vida

"Nadie está magullado por la vida
hasta el grado de ser destruido definitivamente".

ROSETTE POLETTI Y BÁRBARA DOBBS.

Todos tenemos nuestro propio concepto de lo que es la vida, y la filosofía de la vida cambia en cada persona. A pesar de que en el mundo hay más de 6,000,000,000 de seres humanos, a una parte de ellos les basta con darse por vencido apenas sienten que el mundo se les vino encima; otros resuelven la situación de una manera tan distinta a la que muchos esperan; otros, en cambio, de cada una de estas dificultades hacen un medio para hacerse más fuertes, y así esas situaciones tan difíciles pasan a ser estímulos para seguir adelante.

Los fines de semana, una vez iniciada la escuela secundaria, Pali se negaba la oportunidad de ir a su pueblo natal, porque sentía que esa podía ser una oportunidad que lo haría desistir de su propósito de continuar enfrentando los problemas que le presentaba la ciudad de Colón.

Día a día tenía que hacerse pasar por inquilino de una casa comunal, de la que no era inquilino, para resolver sus problemas de aseo personal y de lavado y secado de su ropa. Pali se aproximaba a una casa cualquiera, de las que tenían los servicios públicos básicos, pero una vez los habitantes se daban cuenta de que no era inquilino del edificio, era echado, en algunas ocasiones de manera casi decente, es decir, sin insultos ni improperios; pero en la mayor parte de los casos era corrido como cuando se corre a un perro.

El muchacho no se amilanaba, por el contrario, parecía fortalecerse y, como si fuera poco, tampoco dejaba por ningún motivo de asistir a la escuela. Cuando ya había recorrido un sinnúmero de casas comunales, volvía a las primeras con la esperanza de que se hubieran olvidado de su cara y de los incidentes, y se hacía pasar por inquilino. En ciertas ocasiones, en medio de sus dificultades, conseguía uno que otro defensor, quien se daba cuenta de que no era un muchacho de "malas maneras" o alguien vinculado al mal. Pero no faltaban las veces en que la cosas iban tan mal que Pali no podía conseguir ni para la comida del día, No obstante, asistía a la escuela, no era de aquellos que andaban defraudando gente, y eso que no solo se cansaba de tanta lucha, sino también de enfrentar días enteros sin comer, solo bebiendo agua. Pero ni así le pasaba por su pensamiento volver al pueblo.

Algunas veces, se vio obligado a recorrer todas las dieciséis calles y dieciséis avenidas de Colón, como si fuera un loco, mirando fijamente al suelo para hacerse de todas las monedas posibles, mayormente centavos, hasta completar lo suficiente para comprar su cena que, podía consistir en un par de panecitos "micha" y un tercio de leche en cartón. Era difícil lograrlo, por la cantidad de tiempo que tenía que caminar, y porque era de lo más humillante que una persona joven y muy cuerda fuera tomada como un demente por actuar de esa manera para poder subsistir.

En otras ocasiones, Pali se veía impulsado a trasladarse al "dumper", como se conocía el lugar en donde estaba el vertedero de la basura, para obtener algunas cosas que podía vender o, cuando se trataba de comida enlatada vencida, saciar con ella su hambre.

Esto causó que en no pocas veces se viera afectado por problemas estomacales serios. De tal manera aprendió que no es cierta la acusación de que los pepenadores intentan envenenar a la población vendiendo alimentos vencidos; puede ocurrir que las conservas de un pepenador causen daño a alguna persona, pero es que tengan la intención de causar daño o de matar a nadie, pues ellos son los primeros en exponerse, dado que primero prueban los alimentos encontrados antes de pensar en ganarse algunos centavos con ellos; Pali podía hablar de eso porque le tocó compartir la vida de los pepenadores.

Pali, sin lugar donde vivir en Colón

Todos los días Pali encaraba diferentes problemas, que para él eran nuevos retos producto de la voluntad de Dios, la que para él siempre fue sagrada. Sin embargo, había una situación que le resultaba intolerable, y muy difícil de enfrentar.

Asistía ya con regularidad a la Escuela Nocturna Oficial de Colón; las cosas ahí no es que eran fáciles, se veía enfrentado a nuevas materias, aunque en desventaja con relación a sus compañeros, porque el primer ciclo realizado por él era de orientación agrícola, y el nuevo plantel se enfocaba en las carreras de comercio y ciencias, alejadas de todo lo relacionado con la agricultura.

Eso era tolerable de manera relativa y Pali se las arreglaba. Pero lo que se le hacía insostenible era el no contar con un lugar seguro donde dormir, situación que lo llevó, entre otras cosas, a tener que pasar noches enteras en vela, sin pegar los ojos. Otras noches tenía que esperar a que toda la gente se fuera de algunos sectores del Parque Central para luego hacerse de una banca donde dormir, cosa que no era del todo malo, excepto porque al día siguiente amanecía con dolores por todas partes y con deseos de seguir durmiendo.

En las ocasiones en que tenía que realizar tareas de la escuela o en la época de exámenes, no era nada fácil tener que estudiar bajo las luminarias del parque, o bien tener que enfrentar a los transeúntes y a los visitantes del parque, que se le convertían en verdaderos elementos distractores a la hora de estudiar.

A pesar de eso, Pali mantenía buenas calificaciones en la escuela y se ganaba la amistad de sus profesores, por su buena capacidad intelectual y su personalidad.

No faltaron ocasiones, en época lluviosa, cuando, al no contar con un lugar donde dormir, tenía que esperar a que los dueños de los camiones de carga, que daban ese servicio diariamente a la Zona Libre de Colón, se alejaran de sus camiones, luego revisaba un camión tras otro para saber cuál de aquellos quedaba abierto o sin seguro en su cerradura, y ahí pasaba la noche abrigado de la lluvia pero con la zozobra de estar pendiente para levantarse temprano en la madrugada, y así no ser sorprendido por los dueños, lo que de seguro le podría acarrear problemas.

Esta tarea, aunque arriesgada, no era difícil, pues nunca faltaba un camión abierto entre los que cada noche eran ordenados, uno detrás del otro, en la Calle Primera y el Parque Central. Un inconveniente, que le traía dormir en estos camiones era que, a pesar de no tener ninguna intención de llevarse algo, ni de causar daño a la propiedad privada, existían malandrines que se dedicaban a eso, lo que convertía a Pali en sospechoso, lo que tuvo que enfrentar en diversas ocasiones con la suerte de salir siempre bien liberado, pues los propietarios de los viejos camiones en su mayoría se daban cuenta que él no era un mal muchacho.

Entre todas las peripecias por las que pasaba, su tendón de Aquiles seguía siendo el no tener un lugar donde pernoctar, lo que le hizo comprender, que el sentimiento más cruel y más sufrido que puede experimentar una persona, no es la soledad como mucha gente piensa, sino el sentimiento de la impotencia. Este sentimiento llega a lograr que los seres humanos se sientan tan mal, que, incluso, llegan a sentir lástima de ellos mismos. Pali enfrentó esa situación no una sola vez, sino en múltiples ocasiones, pero en aquellos momentos en su pensamiento surgía la imagen de una persona que no solo calmaba sus angustias y ponía fin a sus lágrimas, sino que lo llenaba de ánimo al decirle: "Hola Pali, hoy eres más fuerte, más inteligente, y más capaz para enfrentar la vida y las cosas de la vida, y consecuentemente no puedes fallarte a ti, ni a los que confiamos en ti, incluyéndome".

Pali consigue un lugar para pernoctar en Colón

Cada vez que llegaba la noche, le embargaba un sentimiento de impotencia que alcanzó a llevarlo, en ciertas ocasiones, a lo más bajo a que puede llegar una persona en el ámbito de los sentimientos: a sentir lástima por sí mismo.

Pali tenía plena conciencia de que debía lograr muy pronto un lugar donde vivir, para evitar aquel sentimiento tan desolador. Fue así como, en medio de sus muchas idas y vueltas, conoció a un chino llamado Horacio Kuan, un hombre muy rico, que entre sus negocios en Colón tenía una venta de pollos, tanto vivos como ya limpios y listos para ser condimentados y cocidos. Kuan también poesía un local para la venta de materiales de construcción y una compañía de camiones de transporte que se dedicaba a trasladar tosca, arena y piedras para los grandes proyectos de construcción. En esta empresa, denominada "Transportes Santa Rita", fue donde Pali conoció a Horacio Kuan, quien no solo le dio algún trabajo como ayudante de conductores en algunos de sus camiones, trabajo bastante difícil para un chico, sino que también le permitió quedarse en las noches en un lugar cercado donde se concentraban todos sus camiones.

Aunque ahora tenía un lugar donde quedarse con cierto grado de seguridad, el local no contaba con comodidades para dormir, por lo que Pali tenía que acomodarse como pudiera sobre cartones, y tomar previsiones para que las ratas, que abundaban, no lo usaran como trampolín para pasar de un lugar a otro durante la noche. A pesar de eso, dormir ahí resultaba más tolerable que tener que pasar la noche en un parque o enfrentarse cada mañana a los disgustados habitantes de las casas comunales. Ahora sus vecinos eran camiones que no le recriminaban por el uso del lavamanos, la manguera o la tina para lavar sus ropas, o el baño de los diferentes conductores para bañarse, ya fuera de mañana o en la tarde.

Pero los camiones no estaban bajo techo, por lo que cuando llegaba la época lluviosa él tampoco tenía cómo protegerse; aparte de eso. Como él estudiaba en la Escuela Nocturna regresaba tarde, y ciertas veces el celador de los camiones, Horacio, se quedaba dormido, y no era un hombre de sueño ligero, sino que dormía como piedra, por lo que él tenía que afrontar el problema de despertarlo para poder entrar.

Para evitarse el primer gran inconveniente, Pali se construyó un pequeño rancho de cartón en una de las esquinas del taller. En esta casa de cartón, cuando la lluvia era muy fuerte, tenía que dormir de pie porque la corriente de agua inundaba el piso.

De todos modos, las cosas mejoraron bastante en cuanto al estado de ánimo y la superación del sentimiento de impotencia y, lo mejor, ya podía ganarse algo de dinero sirviendo de ayudante a algún conductor cuando los ayudantes de planta no se apersonaban a trabajar.

De ese modo fue granjeándose la amistad de algunas personas, quienes reconocían su buen comportamiento, a pesar de su corta edad. Aquel cambio le permitía cenar otra cosa que no fueran las michitas de pan con leche, o los michitas de pan con o jugo de naranja, ahora podía darse el lujo de una mejor merienda y hasta de un buen menú.

En torno a todo ello, Pali avanzaba sin tropiezos en la Escuela Nocturna, e iba mereciendo el aprecio de profesores, alumnos y trabajadores manuales del plantel.

Pali, la Escuela Nocturna Oficial de Colón y sus avances

Como ocurre con todo estudiante, la Escuela Nocturna Oficial de Colón no fue un paseo para Pali. A medida que iba avanzando tuvo ciertas dificultades, pero las mayores se le presentaban cuando tenía que enfrentar algún problema o situación que requería de la presencia de su acudiente.

El señor Raimundo, hijo mayor del tío Julio, fue muy sincero al momento de matricularlo: "Yo no puedo, ni quiero, verme en la necesidad de estar acudiendo a la escuela, para ver o tratar asuntos de un acudido que ni siquiera es mi hijo, y es en la vida real, y a mi edad, nunca he tenido uno".

Pali se veía en la necesidad de inventar historias para que cada bimestre el boletín de calificaciones le fuera entregado o fuera retirado por alguien, que de seguro, no aparecía en los archivos del colegio como su acudiente, y con el agravante de que a su acudiente ni siquiera se atrevía a tocarle el tema. pues no era prudente ni práctico distraer al tío Julio de sus quehaceres diarios.

Eso sí, Pali logró entablar suficiente amistad con los profesores, entre ellos uno llamado Jocke, quien siempre estaba pendiente de él, porque conocía todas las peripecias que realizaba este muchacho para acudir a la escuela.

Pese a las necesidades y penurias que diariamente tenía que enfrentar, noche tras noche él se postraba de rodillas para darle gracias a ese Dios que nunca había visto, pero en el que creía. Y mientras tanto, sus calificaciones en la Escuela Nocturna Oficial eran de las mejores de su grupo, lo que desde luego, era motivo para despertar en cada uno de los profesores que conocían sus dificultades, la intención de aportar su granito de arena en la formación de aquel raro, excepcional muchacho.

Fuera de la escuela, también existían personas que querían ayudar a Pali, entre ellos un agente vendedor de una de las cadenas de distribución de alimentos más prestigiosas de Colón, conocido como Mene. Quien sabía lo difícil que era reemplazar a un ayudante de camiones en la empresa "Transportes Santa Rita", y siempre luchaba con los jefes de depósito de "Supermercados el Rey", exigiéndoles hacer un cupo para Pali en los trabajos eventuales de la empresa, procurando que Pali lograra un dinero adicional para enfrentar sus múltiples necesidades, dinero que no pocas veces permitió a Pali obtener su primera comida del día. El muchacho entraba a realizar esos trabajos a las ocho de la mañana, sin haber ingerido bocado alguno, salía a las cinco de la tarde luego de haber trabajado todo el día tirando bultos, ganándose tres balboas por la labor, con los que comía algo, antes de ir a darse un baño y luego marchar al colegio, con el único objetivo de poder cumplir su promesa.

Otras dificultades de Pali en la ciudad de Colón

Hemos señalado con anterioridad que los seres humanos somos muy dados a confundir momentos de nuestras vidas, pero también hemos dicho que no hay peor momento en el plano de los sentimientos que enfrentar la sensación de impotencia, y que el nivel más humillante es cuando sentimos lástima de nosotros mismos. Aun cuando parezca difícil de creer, a este muchacho nada de esto lo amedrentaba en su objetivo y, como si fuera poco, lejos de reprochar o lamentarse, salía fortalecido, y todo con el solo recuerdo de su "Ángel de la Guarda", el tío Julio.

En un ocasión en la que necesitaba unas zapatillas para cumplir con la materia de Educación Física, Pali fue a un pequeño muelle en el cual atracaban los barcos de cabotaje provenientes de países vecinos. Era el Muelle 5. Pali se alistó en una cuadrilla que debía desembarcar una gran cantidad de pequeños sacos que contenían bicarbonato de sodio, elemento muy utilizado en Colombia. Se vio enfrentado así a una tarea nada parecida a otras de las anteriores realizadas en aquel mismo muelle, cuando se había hecho de algún dinero mediante la descarga de café en grano, que venía en sacos de dimensiones normales, de entre noventa y cien libras. Estos eran mucho mayores, y él nunca abandonó el puesto, aunque en justicia hay que decir que los compañeros de la cuadrilla, cuando se hacía la cadena humana, pocas veces lo dejaban ubicarse en la parte inicial o final de la labor de desembarque, pues eran conscientes de que se trataba de un "pibe" y no de cualquier muchacho, sino de uno que luchaba sin dar cuartel y con la única finalidad de hacer las cosas bien. Al inicio de la cadena humana de desembarque del café el esfuerzo a realizar era doble, al tener que tomar el saco del suelo y llevarlo al borde de la bodega del barco, para que fuera tomado por el miembro que continuaba en la cadena; igual cosa pasaba con el que estaba al final de la cadena, quien debía acomodar o estibar el saco en su posición final, dentro de la estiba, algo que requería de experiencia y pericia especial.

En aquella ocasión, de nada sirvieron todas esas consideraciones, por la tarde él no era dueño de su propio cuerpo, y tenía todas las manos llenas de ampollas y una serie de peladuras que le dejaban abierta la piel.

Pali se presentó al capataz del puerto, quien era uno de los amigos que tenía en la ciudad. Muy a su pesar tuvo que decirle al señor Pretto que no podía continuar. El capataz le dijo: "Ya me parecía que a tu edad y bajo estas condiciones estabas aguantando mucho; hombres hechos y derechos han abandonado mucho antes. Te felicito por tu responsabilidad y entrega, pues otros se conforman con no presentarse al día siguiente. ¿Cuánto fue que me dijiste que costaban las zapatillas?". Y le proporcionó la suma necesaria, para sorpresa y alegría de Pali.

Luego de tanto dolor y mal rato era una gran satisfacción escuchar las palabras y halagos del señor Pretto, más que por el dinero que, desde luego, necesitaba, lo esencial esa saber que no decepcionaba a su amigo.

En otras ocasiones se veía en la necesidad de ir la Zona Libre de Colón; allí esperaba en la puerta principal, pues no era permitida la entrada a todos los colonenses. Para poder ingresar en aquella zona, cercada en todo su alrededor, se requería de pases especiales. Él tenía que hacer fila, bajo el sol o la lluvia, para que los transportistas que requerían personal eventual le dieran una oportunidad de trabajar como ayudante. En muchas ocasiones le tocó levantar cargas que todos evadían, como los fardos llamados "jeans", pesadísimos bultos de tela de pantalones de los llamados "rompe clavos", grandes e incómodos de cargar.

Eran estas las situaciones en las que Pali, en su condición de necesitado, mal alimentado, y con poca musculatura, tenía mayor oportunidad de trabajar, debido a que eran tareas a las que el común de las gentes rehuía, por lo que los dueños de camiones y choferes se llevaban al que quisiera ir.

Eso sí, tenía que trabajar todo el día para que le realizaran el pago con el que adquirir algo de comer. La recompensa al esfuerzo de aquellos días consistía en cambiar el menú diario por un suculento arroz frito con carne en uno de los restaurantes de comida china, plato que Pali disfrutaba al máximo, aunque costaba un dólar con veinticinco centavos, una suma con la que no siempre contaba.

Por lo general, se llevaba el generoso plato a su casa de cartón, se sentaba cómodamente y, cada media hora, se comía una porción, hasta terminar con el banquete. Era un verdadero ritual, una compleja ceremonia, y nada que hablar de la satisfacción que sentía una vez terminado el banquete.

CAPÍTULO 16

Hay cosas que, por voluntad de Dios, cambian en el momento oportuno

"El peor de los sentimientos es la impotencia, y el peor momento de un ser humano es cuando llega a sentir lástima de sí y por sí. De igual manera, uno de los grandes momentos del ser humano es el que le brinda la seguridad de haber alcanzado una meta".

JOSÉ DE LA ROSA LAM

Pali nunca llegó a amilanarse ni a lamentarse de nada, tampoco llegó nunca, por difícil que se presentará la situación, a renegar de lo que era. Tenía claro que él nunca sería su límite, porque así se lo mencionó tantas veces el tío Julio: "Pali, entre las cosas de importancia en la vida de los seres humanos, está el hecho de que cada uno de nosotros tengamos claro que no debemos constituirnos en nuestro propio límite, jamás debemos limitarnos en lo que respecta a nuestras posibilidades".

Por esa razón, el muchacho tenía muy presente que su único límite era el temor a Dios, ese temor que guía cada una de nuestras acciones y no permite que recriminemos nada ni a la vida, ni al Dios que nos dio la posibilidad de existir.

Y como cosa de Dios, La Chica dio a Pali, sin proponérselo, la posibilidad real de tener en la ciudad dos amigos, quienes también optaron por trasladarse a Colón. Uno de ellos, el señor Franklin, al que antes conociera como "Caballo Manso", para suerte de Pali, fue a hospedarse en un cuarto, casi barraca, al final del sitio en que estaban apostados por las noches los camiones del chino Horacio Kuan. Establecido allí, se percató de que su amigo Pali vivía en una casa de cartón cercana, y lo invitó de inmediato a que compartiera aquel cuarto que su amigo, el chino Kuan, le ofreciera para vivir, luego de que terminara su matrimonio con La Chica.

La amabilidad del chino Horacio Kuan con el señor Franklin, tenía como fundamento que este último era uno de los trabajadores de confianza de sus establecimientos de distribución de pollos. Esto constituyó un gran impactó anímico para Pali, pues aunque ahora la vida no fuera a ser tan diferente, sí estaba seguro de que varias cosas cambiarían: ya no tendría que estudiar con la luz de la luna o con la luz de los postes de alumbrado público; podía dejar de preocuparse por los aguaceros de la época lluviosa que hacían estragos en el cartón de su casa durante los últimos veinticuatro meses.

Instalado Franklin en el cuarto cercano al taller de los transportes Santa Rita, en donde primaba el color verde que identificaba todos los negocios del chino, le compró a Pali una colchoneta de *foam* muy grueso, que si no era una cama de verdad, le brindaría mucho mayor confort que el piso duro de cemento.

Cada vez que "El Manso" venia de la calle, tarde y con algunos tragos por dentro, lo despertaba para preguntarle si había comido, cuando Pali le respondía que no, de inmediato lo invitaba a comer algo en cualquier lugar, o compartían la comida que ya traía en sus manos.

Todos esos elementos sirvieron para fortalecer la confianza en Pali en sí mismo y en las verdaderas oportunidades de llegar a la universidad y cumplir así dos responsabilidades capitales que eran su norte: la promesa al tío Julio y su propio objetivo de vida.

La visita obligada a La Chica

Pali siempre se caracterizó por ser un joven hacendoso, jovial y de una personalidad que le granjeaba el aprecio y hasta el amor de quienes tenían la oportunidad de tratarlo, y en el caso de La Chica o Chiquitina no fue la excepción. Con apego a la verdad, "El Manso" amaba a La Chica con pasión; el verdadero problema entre ellos eran los excesivos celos del hombre, lo que convertía la pasión en una especie de "amores que matan".

Pali se enteró, a través del señor Franklin, que La Chica se encontraba en Colón, y decidió ir a buscarla, porque lo unía a ella un gran sentimiento de aprecio y agradecimiento por todos los platos de comida que le brindó en momentos de necesidad, y por los sentimientos nobles que siempre encontró en ella.

El cuarto en donde se hallaba alojada La Chica con sus hijos quedaba en Calle 7, entre las Avenidas Central y Meléndez. Cuando llegó al sitio, el encuentro les causó mucha felicidad a ambos y a los hijos, porque todos los miembros de la familia mantenían un sentimiento de verdadera familiaridad con Pali.

La Chica le propuso a Pali que cuando se viera en dificultades para obtener la comida del día no dudara en contactarla: "Donde come uno comen dos", era su frase de aliento. Pali agradeció el gesto, pero respetuoso y responsable como era, no iba a ser carga para una mujer que ahora estaba sola y, además, con tres hijos. Ante esa realidad, hubiera preferido ir a buscar el plato de comida, como estuvo tentado muchas veces, a casa de su hermana de sangre, Artemisa, quien laboraba como empleada doméstica con una familia de apellido Sotomayor, al final de la Calle 7, detrás del redondel del Parque Sauce, pues tenía la seguridad de que su hermana no se lo negaría; pero nunca hizo tal cosa porque el tío Julio, entre las muchas cosas, le enseñó que la mejor familia es aquella que no perjudica. Cómo podía entonces, añadirle a su hermana Artemisa y a La Chica, la responsabilidad de darle la comida, sin causarles perjuicios; a la primera con su patrona y a la segunda, con su marido, aun cuando estaban separados. De ningún modo, lo que se imponía era continuar la lucha, como lo venía haciendo.

Pali, los supermercados El Rey y sus vicisitudes

Para suerte, o para desgracia de Pali, una de las sucursales de los supermercados El Rey estaba a menos de una cuadra de donde se reunían en las noches los equipos y camiones del taller. Los días en que Pali no conseguía trabajo como ayudante en los camiones, se dirigía, sobre todo los sábados y algunos días de la semana, a hacer fila para ser contratado en los depósitos de esa sucursal.

La mayor parte de las veces, Pali tuvo la opción de hacerse de un día de trabajo, puesto que eran pocos los que querían laborar como ayudante de camiones de reparto, donde se sabía la hora de entrada a laborar pero nunca de salida. Así que era fácil encontrar trabajo en esa posición, aparte de no que no podía optar por otras posiciones, por tratarse de un menor de edad, a quienes la ley laboral prohibía la realización de ese tipo de labores.

Había que agregar que la ruta de los camiones cubría toda la ciudad y los alrededores, razón suficiente para que, una vez Pali terminada la jornada, su cuerpo no le perteneciera, por lo agotado. Todo empeoraba cuando le tocaba acompañar a un chofer de los que se tomaban su condición de conductor muy en serio, y no prestaba ningún tipo de ayuda al colaborador, lo que se repetía a menudo.

En ocasiones le tocaba ir a la fábrica de mantequilla con la que contaba la cadena de supermercados, llamada "La Vaquita", que fabricaba las barras de margarina "La Perfecta". Pareciera un trabajo más fácil que salir en un camión de repartos, pero en verdad era tan difícil o más difícil que el anterior.

En esas ocasiones debía tomar unos grandes trozos de mantequilla o de margarina congelados y transformarlos en pequeños pedazos, para que la máquina pudiera triturarlos y transformarlos en las barras finales para la venta. Era una labor pesada y titánica, y quienes la realizaban lo hacían con unas pequeñas hachas de mango de madera bastante áspero, que al final del día provocaban sangrado de las manos y un gran números de ampollas.

Lo peor del sufrimiento se presentaba cuando Pali se veía en la necesidad de trabajar varios días seguidos en la fábrica de mantequilla y de margarina. Pero el muchacho enfrentaba con gallardía las situaciones de ese tipo, le bastaba con recordar la cara de tío Julio Negro diciéndole: "La verdadera capacidad de los seres humanos, no radica en obtener buenas calificaciones en un aula de clases, sino en su capacidad de adaptarse a una situación u otra".

Pali culmina la escuela secundaria en Colón

Y por fin llegó el sexto año para Pali, mereciendo muy buenas calificaciones y ganándose el respeto de todos sus compañeros, sus profesores y los trabajadores manuales. Se sentía muy feliz: "No hay nada que pueda ser más gratificante en la vida de cualquier ser humano, que verse involucrado en la finalización de una de sus metas y con mayor razón si ese objetivo tiene como motor fundamental el esfuerzo propio".

No obstante, todo no era felicidad, había dado un paso importante y determinante en su empeño por llegar a la universidad y cumplir con una promesa hecha muchos años atrás al tío Julio, pero una pregunta iba y venía en su cabeza: "¿Para qué tanto esfuerzo, si ni siquiera tengo con quien compartirlo?".

Y volvía a abatirlo el temor de tener que enfrentarse a una nueva graduación sin compañía. ¿Qué clase de triunfo es este? Pero decidió no pensar más en el asunto, recordando lo que siempre le decía el tío Julio: "No te afanes, mañana, de seguro, será otro día y traerá sus propios asuntos".

Graduación en la Escuela Secundaria Nocturna Oficial de Colón

Todos los muchachos del sexto año celebraban la finalización del año escolar y se derretían de alegría por haber alcanzado los doce puntos en cada materia, para subir, como decían todos, a la tarima que se preparaba para que sobre ella recibieran, uno por uno, su diploma de sexto año, su Bachilleres en Ciencias o su Bachillerato en Letras, y hacían planes para las fiesta o la cena con la que celebrarían después.

"Ahora, ¿quién será la persona que me acompañará a subir? ¿Quién me acompañará siquiera a recibir mi diploma?". Qué cosas tiene la vida, este día que Pali tanto anheló, ahora se vería empañado al no tener quien lo acompañará a recibir el diploma, y muchos menos, con quien o quienes celebrar un hecho tan importante.

Otro problema representaba el acto de graduación, este acto representaba para todos los graduandos una serie de erogaciones económicas, que no contemplan las beca: uniforme de gala, zapatos especiales, y la responsabilidad durante el año lectivo de ir abonando las cuotas necesarias para el pago del anillo de graduación. Eran cosas que Pali anhelaba, pero que como fórmula de escape, como un mecanismo de defensa, se decía:"Son trivialidades a las cuales no puedo aspirar".

Nada más falso, era lo más deseado por Pali, tener esas cosas que llamaba "triviales" y asistir al acto de graduación como, de seguro, lo harían todos. Pero existía un impedimento: la realidad puede más que los deseos, y Pali no tenía los recursos para comprar lo necesario para asistir al acto de graduación, además de no querer complicar al tío Julio, haciéndole saber los problemas adicionales que enfrentaba por todo aquello y hacerlo que se trasladara a la ciudad de Colón solo para asistir a su graduación.

Llegó el día de la graduación, el 18 de diciembre de 1981, el que Pali podría contar entre los más desafortunados y amargos de su existencia. Todo el día pasó cabizbajo y, a las siete de la noche, lloraba y se debatía entre dos sentimientos encontrados: por no asistir al Acto de Graduación al no contar con recursos para hacerlo, y por no tener quien lo acompañara a subir.

También sus lágrimas tenían algo de alegría, pues el diploma de sexto año sería el documento necesario para ingresar a la universidad.

CAPÍTULO 17

Pali realiza gestiones para ingresar a la Universidad

"Dios, es el principio y, a su vez, el fin de todo proyecto humano. Si Él se convierte en el centro y propósito de tu proyecto de vida, nada, nada es imposible, aun bajo las peores circunstancias".

JOSÉ DE LA ROSA LAM.

Pali enfrentó la ciudad de Colón con todos sus retos sin darse por vencido y, lo que era de admirar, lo hizo con la entereza y el atino de un ser humano adulto.

Obtenido su diplomado, de una vez se enfocó en la necesidad de lograr un trabajo de carácter permanente en horas de la tarde, que le permitiera ir a la universidad y hacerse de una carrera universitaria. Esto se lo planteó a su amiga más cercana, a La Chica, quien de inmediato se puso a buscarle un trabajo, lo no era fácil, porque Pali aún era menor de edad.

La amistad entre ambos no era una cuestión de casualidad, pues ambos tenían mucho en común, sobre todo en cuanto a su determinación para hacer frente a sus necesidades y adversidades.

La Chica le prometió: "No te preocupes, que del trabajo me encargo yo", infundiéndole ánimos y la seguridad de que obtendría un trabajo que, de seguro, le permitiría asistir a la universidad en horas de la mañana en la ciudad de Panamá, situada a unos ochenta kilómetros, y el único lugar en el cual se impartía un abanico de carreras universitarias muy prestigiosas, lo que la convertía en el centro educativo superior al cual cualquier estudiante le hubiese gustado asistir. Y Pali no era la excepción.

"¿Cómo hare frente al pasaje diario a la capital? ¿Cómo haré para comprar los libros, si no sé ni siquiera cuánto costarán? ¿Cómo podré comer a diario? ¿Cómo haré para hacer frente al trabajo y asistir a la universidad? ¿Cómo enfrentaré el tema de la ropa?" Entre estas y muchas otras interrogantes, Pali salió de la casa de La Chica, quien al día siguiente le hizo saber que ya le tenía una entrevista concertada con un señor de apellido Salazar, dueño de la "Abarrotería y Bodega 5 de Noviembre" ubicada en la Calle 5 y Avenida Bolívar. Para tal fin debía asistir ese mismo día, en horas de la tarde, y que el único problemita era que él seguía siendo menor de edad por tres meses y, entre sus deberes estaba el de despachar licor.

Pali se dispuso a ir a su entrevista para despejar dudas, aprovechando que estaban de vacaciones todas las escuelas y universidades de Panamá, lo que le permitiría concentrarse en la realización del trabajo.

Pali en su primera entrevista formal de trabajo

Un día del verano del año de 1982, La Chica, se encaminó con Pali al lugar donde quedaba la abarrotería y bodega. Su propietario, don Víctor, era uno de los grandes amigos de La Chica, quien le dijo: "Este es el muchacho del que ya te hablé; en la medida en que me lo puedas ayudar sin perjudicarte, te lo voy a agradecer, pero si no te sirves me avisas, que yo soy la primera en apoyarte para que lo corras."

Pali se limitaba a observar y a oír la conversación. En ningún momento pudo observar que La Chica tuviera intención alguna de sobrestimarlo frente a don Víctor, y hasta le recordó que Pali era menor de edad para que supiera a qué atenerse si se daba una situación con los inspectores de la Dirección de Trabajo.

En principio, eso no le agradó del todo a Pali, pues pensó que se reducían sus posibilidades de hacerse de un empleo permanente y en un horario fijo, pero no hizo comentario alguno.

"¿Cuándo está en disposición de comenzar a trabajar el hombre?", preguntó don Víctor. "De manera inmediata", contestó La Chica. Así, de un momento a otro, Pali pasó de ser un desempleado de la calle a convertirse en uno de los trabajadores manuales y dependiente de la "Abarrotería y Bodega 5 de Noviembre".

A él le dio la impresión de que aquel hombre, don Víctor, en realidad tenía la necesidad de contratar a alguien de manera muy rápida, y él pasó de ser un extraño hasta convertirse en un verdadero trabajador, que no solo despachaba a las personas que realizaban pedidos en el área de la abarrotería, sino que se enteró que, pasada una puerta a un lado de la sección de expendio de licores, existía un salón bastante grande en el cual varios señores, de edad avanzada y mediana, tomaban cervezas y tragos mientras jugaban dominó, y se vio en la necesidad de atenderlos, sin descuidar a las personas que acudían al área de la abarrotería.

Esta situación no dio margen a Pali para decir que necesitaba conocer el trabajo, ni siquiera le dio el tiempo necesario para relacionarse con los precios, sino que de golpe se vio enfrentado a la necesidad de ir preguntando a don Víctor por los precios que, por suerte, eran muy pocos los que no lo tenían marcado.

Una hora después de estar bajo esa situación de trabajo, llegó un señor de mediana edad, algo obeso, de baja estatura, piel blanca y cabello alisado, quien de inmediato se puso a apoyar en el trabajo de despachar y de arreglar todo lo que parecía que no estaba en su lugar. Sin mayores protocolos, don Víctor aprovechó una de las ocasiones en que la afluencia de personas se hizo más lenta y le dijo: "Este muchacho trabajará con nosotros por un tiempo; es sobrino de La Chica, espero que pueda quedarse con nosotros; colabora con él para que aprenda lo referente al trabajo cuanto antes".

El recién llegado, de manera desprendida y dulce, le extendió su mano diciéndole: "Muchacho, me llamo Isabel Ruiz, pero todos me llaman Chabelo. Espero que seamos buenos amigos y compañeros. Cuente conmigo para las que sea". Apenas dicho esto, el trabajo continuó.

Al poco rato, llegó otro señor a la abarrotería. Esta vez se trataba de un hombre de mediana edad, de piel morena, con un sombrero chocolate y una sonrisa inexistente, pues no tenía dientes en la parte frontal de su boca. De inmediato se colocó detrás del mostrador del área de expendio de licores y empezó a darle atención, tanto a los señores que se encontraban en el salón como a todos los que solicitaban algún servicio en el área de la bodega.

Pali pudo observar que todos los señores que estaban en el salón saludaban al recién llegado de manera efusiva, al igual que al señor Chabelo. Don Víctor, en cuanto bajó la concurrencia de clientes, le llamó y le dijo: "Marcelino, este muchacho trabajará con nosotros por un tiempo, espero que colabores para que aprenda de la manera más rápida todo lo relacionado con nuestro trabajo"; de inmediato miró al muchacho expresándole: "Marcelino es mi hermano". En eso consistió la presentación entre los trabajadores del local.

Al terminar el duro día de labores, Pali se disponía a abandonar el negocio alrededor de las ocho y media de la noche, cuando el señor Chabelo, le dijo: "¿A dónde vas, muchacho? No te puedes ir porque ahora es cuando nuestro trabajo empieza".

Pali se da cuenta lo que ocurre en la bodega y abarrotería

Cerrada la puerta de metal en la parte frontal del establecimiento, Pali esperaba poder irse a su casa, junto al taller de camiones de Horacio Kuan, pero Chabelo le explicó que entre ambos debían encargarse de sacar de todas las alacenas de la tienda los embutidos, paquetes y artículos que fuese necesario, para reponer lo que durante el día se hubiese vendido.

Pali preguntó: "¿Por qué necesitamos remover todo para luego volver a acomodarlo?" Chabelo, con gran paciencia y hasta con cierta compasión le contestó: "Por la sencilla razón de que todos estos productos tienen fecha de expiración y los más frescos o recientes deben quedar en la parte de abajo, porque tienen más tiempo de vigencia y es menos probable que se dañen", y de una vez se pusieron manos a la obra.

El trabajo no fue nada fácil: las latas de leche, de pasta y salsa de tomate, de tunas, de sardinas, de habichuelas, de carne en lata, los frascos de aceitunas, de aceite, de mayonesa, al igual que los paquetes de productos comestibles y perecederos fueron acomodados para evitar que perdieran su vigencia o se dañaran, y en el caso de los granos para evitar que fueran invadidos por gorgojos y otras plagas.

Pensó que, siendo su primer día de trabajo podría retirarse, pues estaba exhausto, y ni siquiera tenía ánimos para pensar en comida, a pesar del hambre.

Deseaba llegar a su colchoneta y acostarse por un rato, pero una vez más fue sorprendido cuando el señor Chabelo le anunció que igual tenían que hacer con los productos vendidos en la bodega, debían vaciar todas las neveras con cervezas y sodas para volver a llenarlas a su máxima capacidad, con el fin de que amanecieran frías. Las más nuevas debían quedar en la parte de abajo y las más viejas, en la parte de arriba, evitando que se les venciera el período útil. Y además debían rellenar las alacenas de la bodega con botellas de los diferentes licores, con la misma fórmula: las botellas más viejas hacia la parte de adelante y las nuevas al fondo.

Solo después de dos horas del cierre de la Bodega y Abarrotería 5 de Noviembre, pudo, en compañía de su nuevo compañero de trabajo, abandonar el lugar, tan cansado que una vez llegó a la casa cayó rendido sobre la colchoneta.

Otra decisión de trascendencia

Pali, ahora dueño de un trabajo que, si no era permanente, sí le daba cierta estabilidad y tranquilidad para poder continuar su lucha para cumplir con la promesa empeñada y, a la vez, obtener un título universitario, consciente como estaba, por influencia de su tío Julio, que quien no estudia tiene menos posibilidades de triunfar.

Pali tuvo la suerte de que en la abarrotería, con el señor Salazar trabajaban sus dos sobrinos, Héctor y Tavo. A Héctor lo llamaban "Locomby", no por loco, sino porque mientras las personas normales andamos a cien revoluciones por minuto, este andaba por lo menos a mil. El otro, Tavo, lucía como una persona más centrada, y ambos estaban en edad de asistir a la universidad, por lo que se produjo entre ellos cierto grado de amistad.

Los dos hermanos le propusieron a Pali inscribirse en la Facultad de Ciencias de la Universidad de Panamá, y a Pali le gustaban mucho las matemáticas y las materias que tenían que ver con el área científica. Sin embargo, sabía que ir a la Universidad significaba una erogación adicional y él no contaba con el respaldo de nadie, cosa que no ocurría con Héctor y Tavo, quienes además de contar con el apoyo incondicional de su tío, también tenían a sus padres, que vivían en las afueras de la capital, en un barrio llamado Santa Clara.

Un evento que Pali no tenía en cuenta vino a cambiar los planes de convertirse en estudiante del área científica. Pali consiguió ganarse la confianza del señor Víctor, pese a que tenía poco tiempo de tratarlo y de trabajar. Así, él puso en manos de Pali la responsabilidad de ir a la agencia de la lotería estatal todos los jueves y lunes, a realizar el cambio de los billetes de lotería premiados y utilizados por los clientes de la abarrotería para pagar sus compras.

En una de esas veces que Pali fue a realizar el cambio de los billetes, se puso a contemplar en una vidriera del almacén de zapatos "La Zamba", que quedaba en la Calle Octava y Avenida Bolívar, unas zapatillas muy de moda para entonces, de la marca "Converse".

Alguien llamó a la policía diciendo que un sujeto sospechoso se encontraba frente al establecimiento, con ánimos de realizar un asalto al almacén. La policía llegó de inmediato y empezó a interrogar a Pali con relación a su presencia en aquel lugar. Pali, presa de la desesperación, nunca pudo responder a un agente de apellido Pérez, que era quien le exigía respuestas.

Como si fuera poco el hecho de no poder articular palabras, producto del nerviosismo, cuando el agente Pérez le revisó los bolsillos a Pali, se encontró con una cantidad de dinero considerable, cerca de mil balboas, sobre los que Pali tampoco pudo dar una explicación, víctima de los nervios.

Así las cosas, el agente Pérez requirió un auto patrulla y Pali fue a parar en condición de prisionero a las instalaciones policiales de Colón. Por fortuna para él, algunos policías, entre ellos un teniente de apellido Castillo, a quien la gente conocía como "Castillito" se dio cuenta de que se trataba del "hijo" de Víctor Salazar, el amigo de la Abarrotería y Bodega 5 de Noviembre, y no quiso mandarlo a una celda hasta averiguar lo ocurrido.

Mandaron a confeccionar un informe y Pali fue puesto en una cancha de baloncesto que se encontraba en medio de las instalaciones de la prisión. Allí, Pali fue abordado por un sargento que también lo conocía como familia del señor Salazar, quien le dijo que salía del trabajo a las tres de la tarde, que no se preocupara, porque en cuanto saliera le avisaba a "su señor padre" para que lo viniera a buscar.

Él sabía que Pali no era un muchacho de problemas y a las tres y media de la tarde, el señor Víctor Salazar había arreglado todo para que Pali fuera puesto en libertad y regresara al trabajo. A la salida, le dijeron a Pali que tenía que ir a la Sala de Guardia a recoger sus pertenencias, cosa que tuvo el señor Salazar que realizar, puesto que Pali, en cuanto le dijeron que podía salir, emprendió una carrera desde la Calle Once donde quedaba el cuartel hasta la Calle Quinta, donde estaba la Abarrotería y Bodega 5 de Noviembre.

Fue en ese momento donde decidió, de manera definitiva, que quería ser abogado y que iría a la Universidad de Panamá, a la Escuela de Leyes, porque solo se podía estudiar esa carrera en el Campus Central.

Pali realiza gestiones para entrar a la Universidad

Habiéndose decidido a ingresar a la Facultad de Derecho, Pali se puso de acuerdo con los sobrinos del señor Salazar, Héctor y Tavo, para ir a la Universidad y cumplir con lo necesario.

Lo primero que hacen es dirigirse a la Facultad de Ciencias; Tavo era un fanático empedernido con relación a la Biología, una carrera que, según él, era la mejor del mundo por tratarse de la más interesante, y trataba de convencer a Pali de que también se inclinara por esa materia.

Él, en los años en que estuvo en la Escuela Nocturna Oficial de Colón, daba clases de Matemáticas, Física y Química a sus compañeros, que por alguna razón no comprendían las explicaciones de los profesores; Tavo sabía eso y daba por descontado que Pali sería un buen estudiante de cualquier carrera relacionada con las ciencias.

A pesar de toda la presión de Tavo, Pali se hallaba convencido de hacer la carrera de Derecho, y entre sus características tenía la de ser un "hombre de palabra", recordando al tío Julio: "Cuando las personas no tienen dinero, ni tampoco un apellido de abolengo en la sociedad, lo único de valor que les queda es su palabra, y por esa razón es necesario morir detrás de su palabra".

Pali ingresaría a la carrera de Derecho, mientras que Tavo se matriculó en la Facultad de Ciencias; Héctor, a última hora, les hizo saber que iría a realizar lo necesario para ingresar a la Policía Nacional.

En el Campus universitario, Pali quedó fascinado por el tipo de edificación: era un edificio muy bonito, de una arquitectura exquisita, con detalles extraordinarios en su parte frontal, con una cafetería a todo dar que en la entrada tenía como logo el dibujo de un gran tiburón blanco con la leyenda "Los Tiburones"; en su parte posterior. Con alegría inusual, Pali fue al lugar donde se realizaba la inscripción preuniversitaria, para ingresar a la Facultad de Derecho. Allí, aquel "pichón de delincuente" como lo identificaba el tío Sebo, pretendía convertirse en todo lo contrario, en "pichón de abogado".

Pero los obstáculos no lo dejaban en paz, y el primero en esta etapa fue un profesor encargado de las inscripciones en la Facultad, de apellido Bernal, quien le hizo saber que para ingresar era necesario matricularse en otra facultad, simultáneamente, porque aun cuando pasara el Curso Preuniversitario, si no salía entre los sesenta y cinco primeros, podría quedarse fuera.

El problema no solo era matricularse en otra facultad y hacer otro curso, sino que para matricular ese otro curso debía tener cinco balboas más, que era lo que costaba cada inscripción, y él solo contaba con los cinco requeridos para un curso.

Siendo notificado de tan funesta noticia, Pali decidió esperar que el profesor Bernal terminara con la fila de todos los aspirantes, para poder tener una conversación a solas con él y explicarle su difícil situación, esperando que este le diera la anhelada oportunidad de ingresar. La espera fue tan larga que Héctor y Tavo optaron por dejarlo solo y devolverse a Colón.

Pali logra su anhelada conversación con el profesor Bernal

Al final de aquella jornada, alrededor de las tres y media de la tarde, Pali logró acercarse al profesor Bernal, persona encargada de los cursos de verano o de vida preuniversitaria, y le habló del problema serio al que se enfrentaba. El profesor Bernal le manifestó: "A ver si te entiendo, muchacho, ¿tú estás pidiendo a un hombre de reglas que vulnere las reglas? Me solicitas que te matricule en el Curso de Capacitación y Vida Preuniversitaria de la Facultad de Derecho y Ciencias Políticas de la Universidad de Panamá, sin que te hayas matriculado en otra facultad? Eso es lo que exige el reglamento. Solo son cinco balboas, ¿cuál es el problema?".

"Profesor, precisamente ese es el problema. Como ve, he esperado hasta el final para poder darle a conocer la dificultad que enfrento: no tengo el dinero para pagar cinco balboas más en otra facultad; por favor, deme la oportunidad de matricularme. Le prometo no defraudarlo, y si fracaso el curso de capacitación sería la última persona en realizar reclamo alguno".

Viendo la determinación y el grado de seriedad con que el muchacho planteaba la situación, el profesor Bernal se quedó pensativo un largo rato, y luego le preguntó su nombre, a lo que Pali contestó: "Me llamo Pali Angustia". Hasta el apellido de aquel muchacho denotaba problemas, por lo que el profesor Bernal no lo pensó más y empezó a llenarle la boleta de inscripción. Se dio cuenta de que ese muchacho no solo carecía de los cinco balboas para pagar otra inscripción, sino que carecía de muchas otras cosas más importantes. Una vez inscrito, le dijo: "Muchacho, Dios quiera y puedas aprobar el curso, porque acabo de darme cuenta de que empiezas una lucha que no será nada fácil; si no tienes cinco balboas para pagar otro curso paralelamente, no veo cómo lo harás en adelante, si no cuentas con la ayuda de tus padres".

Pali se limitó a agradecer el hecho de que lo hubiese matriculado, sin contar con otro recibo de matrícula de otra facultad, aun siendo un hombre de reglas, rompiendo las reglas, aun no conociéndolo. Era una cosa para agradecer siempre, y estaba tan feliz que no iba a permitir que un simple comentario de apreciación personal del profesor Bernal empañara aquel momento.

Lo importante ahora era que estaba matriculado en el Curso de Capacitación, ¿qué daría por ver el rostro del tío Julio, al saber que ya era un alumno universitario?

CAPÍTULO 18

Pali inicia el Curso de Capacitación Preuniversitaria

"Si alguna vez llego a ser santa, seguramente seré una santa de la oscuridad. Estaré continuamente ausente del cielo para encender la luz de aquellos que en la tierra están en la oscuridad".

MADRE TERESA DE CALCUTA

Pali se sentía repleto de emoción, luego de dar un paso tan importante en la búsqueda de hacer realidad los grandes sueños de su vida y poder continuar una lucha que parecía imposible pero que, paso a paso, le permitía avanzar. Sin embargo, rondaba sobre él una nube de tristeza: no era posible celebrar cada uno de esos logros, porque en ninguno de los momentos que consideraba importantes, podía contar con sus familiares de sangre para celebrar. Y ahora tampoco contaba con su "Ángel de la Guarda", el tío Julio.

No era momento para doblegarse, debía armarse de toda la fuerza y energía física y espiritual para seguir hacia adelante y darlo todo en aquel curso preuniversitario y cumplir con una nueva promesa, la que le hizo al profesor Bernal, de que no se arrepentiría por lo que hizo.

Por suerte, pudo contar con el apoyo pleno del señor Víctor Salazar, quien le ajustó el horario de trabajo de manera que pudiera cumplir con ir a la universidad, porque de lo contrario él estaba dispuesto a renunciar al trabajo y a cualquier cosa, menos a los estudios.

Su promesa al tío Julio, entre otras muchas, era que no negociaría la escuela o el estudiar, y lo recordaba diciéndole: "La escuela y el estudiar no es un tema que pueda ser objeto de negociación". Así llegó a un acuerdo con el señor Salazar: asistiría a la Universidad de Panamá todos los días de lunes a viernes, en horario de siete de la mañana hasta las doce y cuarenta y cinco del medio día, y entraría a laborar en la bodega de dos de la tarde hasta las nueve de la noche con atención al público y, una vez cerrado el negocio, debía realizar las labores de limpieza y acomodo de las mercancías de todo el establecimiento.

Esto implicaba un sacrificio supremo, porque el día de Pali comenzaba a las cuatro de la mañana, cuando se levantaba para asearse e ir a la universidad, tomaba el autobús de la línea Colón–Panamá a las cuatro y media de la mañana, para llegar a la Universidad un cuarto para la siete y estar en clases a tiempo; a medio día, salir corriendo, tomar un autobús para llegar a Colón a las dos o dos y quince y entrar al trabajo hasta las nueve de la noche. Luego, hacerse algo de comer, estudiar, hacer sus tareas para volver al día siguiente a realizar la misma hazaña. Debe sumarse a eso que el trabajo de abarrotero implicaba estar de pie toda la jornada.

Terminación del Curso Preuniversitario

A pesar de todos los obstáculos y dificultades que enfrentaba, la voluntad y el deseo de ser estudiante universitario era mayor; por esa razón, aun bajo mucha, pero mucha presión, continuó asistiendo con regularidad y con la responsabilidad que lo caracterizaba. El curso avanzaba, al igual que el cariño y el aprecio del señor Salazar y de todos los señores que frecuentaban la sección de la bodega, a tal grado que hicieron de Pali la persona que realizaba las compras de los boletos para las diferentes carreras de caballos del Hipódromo Presidente Remón, que eran seguidas atentamente por radio.

Los clientes de la bodega en su mayoría eran apasionados por las carreras de caballos, cosa a la que no escapaba tampoco el patrón, don Víctor Salazar. Entre los más connotados y frecuentes asistentes a aquel lugar estaban el señor Bejarano, conocido como "Hombrecito"; el maestro Alvarado, apodado "Cuquito", el señor Betancourt, el señor Meneses, el señor Mendoza y, sobre todo, Clarence Fenton, quien desde el primer día hizo química extraordinaria con Pali, al grado de acompañarlo cada noche cuando se dirigía a su casa.

Cuando Pali terminó el Curso de Capacitación de la Facultad de Derecho, fueron enlistados todos los número de cédula de los alumnos que participaron, para no hacer de conocimiento público los nombres de quienes aprobaron el curso y quienes no, con el conocimiento de todos de que no era suficiente aprobar el curso para ingresar, sino que era necesario estar entre las primeras sesenta y cinco personas con el mejor promedio en las diferentes materias.

Frente al tablero, en medio de algarabía de unos y lágrimas de muchos, Pali comenzó a buscar el número de cédula que le correspondía: 3-19-223. Cada vez que pasaba sus ojos por encima de un número de cédula cualquiera en la lista, su corazón latía cada vez más fuerte, hasta que al fin dio con su número, el 3-19-223. Para su sorpresa, al final de la misma, en lugar de decir como en las demás "APROBADO" o "NO APROBÓ", se encontró con un signo de interrogación y un mensaje: "Pase por la Secretaría de la Rectoría". ¡Qué momento más pesado y desesperante!

Un sinnúmero de preguntas comenzaron a girar en su cabeza: "¿Será que no aprobé el curso?", "¿Será que alguien me delató y esta gente se dio cuenta de que no me matriculé en otro curso de capacitación?", "¿Será que el mismo profesor Bernal me delató?" "¿O se han dado cuenta que yo no sirvo para esto?".

Pero él no podía aguantar un momento más o reventaría, necesitaba llegar a la Secretaría Administrativa y decir que era Pali Angustias, el dueño de la cédula 3-19-223, y que le hicieran saber de una vez cuál era el problema al que aludían.

Una vez en la Secretaria de la Rectoría se encontró con una señora de aspecto muy agradable, de nombre Berta, quien apenas lo vio le preguntó: "¿Cómo te fue en el curso?" A lo que respondió él, de una manera angustiada: "Eso precisamente es lo que quiero saber". Ella le pidió su número de cédula, el que Pali casi balbuceó: "3-19-223."

Ella se alejó hacia otro cubículo en donde estaban los diferentes expedientes en el archivo de los estudiantes; luego, regreso con una gran sonrisa diciéndole: "Lo felicito, está usted entre los cinco primeros promedios del final de curso, considérese un estudiante de primer ingreso de la Facultad de Derecho y Ciencias Políticas de esta Universidad. Aquí hay un premio que le otorga la Facultad."

Pali no podía reaccionar y sus ojos se llenaron de lágrimas. La señora Berta, estaba desconcertada y lo abrazó diciendo: "Pero cálmate, muchacho, de ser tu madre para mí sería una excelente noticia". Eso agudizó el llanto de Pali, al recordar que no solo no tenía madre, sino que no tenía con quién celebrar otro gran acontecimiento: contaba con un lugar en la universidad y era ahora un estudiante universitario, tal como se lo había propuesto.

La señora Berta le dio un fuerte abrazo y le dijo: "No sé qué ha pasado contigo, pero creo que tienes muchos motivos para celebrar, disfruta este momento, no hay razones para tristeza, no permitas que nada empañe este momento".

Así lo entendió Pali, le dio las gracias, tomó su regaló con un solo pensamiento; "Nada, ni nadie, empañará este día, gracias mi Dios".

Pali ingresa a la Facultad de Derecho

Cada uno de los retos y situaciones nada fáciles que enfrentó Pali en todos estos años sirvió para ir edificando en él un comportamiento ajustado al buen hacer, sembrando sentimientos como la solidaridad, la comprensión, la empatía y la capacidad de sentir el dolor ajeno. Igual, el haber experimentado toda esta mezcla de sentimientos le permitía valorar cada logro. Y eso lo sintió aquel día de finales de enero de 1982, cuando por primera vez tuvo que levantarse a las cuatro de la mañana para tomar el autobús, ya no en condición de estudiante del curso de Capacitación Preuniversitario, sino como estudiante de la carrera de Derecho.

¡Qué clase de día! En la noche anterior no pudo pegar los ojos. La dicha era demasiado grande, pero no tenía con quien compartirla. Pero no permitiría que nada ni nadie empañara aquel momento que tanto le costara.

Era importante disfrutar de cada instante de su primer día en condición de estudiante titular de la Universidad Nacional de Panamá, aunque eso daba al traste, con lo que le esperaba una vez acabará la jornada de clases, cuando tendría que enfrentar las labores rutinarias que desde hacía tres meses desempeñaba en la Abarrotería y Bodega 5 de Noviembre.

Pero estaba seguro de que con la ayuda incondicional de su Dios enfrentaría todo lo necesario para, una vez más, rebasar los obstáculos y hacerse del título universitario que hacía tantos años le prometiera al tío Julio y luego se impusiera como meta personal.

A la primera persona que encontró a la entrada de la Facultad de Derecho aquel día de enero de 1982, fue al profesor Bernal, quien con una gran sonrisa lo abordó y le dijo: "Te felicitó, muchacho, me alegro mucho de no haberme equivocado; espero aproveches al máximo esta oportunidad que te ha dado la vida, hay mucha gente aquí no solo con los deseos, sino también con los recursos, pero no han tenido la misma suerte, ni la oportunidad".

Pali le dio las gracias por haber confiado en él, y le hizo saber que en verdad sabía que en esto no era nada fácil pero, que estaba seguro de que con la voluntad de Dios y su determinación, de seguro podría cumplir con este nuevo reto hasta el final.

Ese día conoció también a Nannette, una muchacha que le cayó muy bien, una chica que parecía un ángel caído del cielo, y que sería la persona ideal para hacerle compañía a alguien que necesitaba con quien conversar, alguien que, lejos de necesitar dinero, requería palabras de aliento.

Nannette no era muy alta pero su figura era hermosa; en su piel, blanca como el papel, destacaban unas sonrosadas mejillas; el cabello era negro y lo llevaba muy corto, y cuando hablaba dejaba emanar una gran dulzura en la que se adivinaba enseguida su gran inteligencia.

La chica provenía de una buena familia, sin dudas, con facilidades económicas; pero entre lo valioso de ella destacaba un corazón inigualable.

Apenas conoció a Pali, lo convirtió en "Lamcito", sobrenombre que aquella muchacha –¡qué muchacha!– aquel Ángel, le acomodó al muchacho.

En verdad, el primer día de clases para Pali fue un día de aquellos que vivimos y nunca podemos olvidar.

Pali continúa enfrentando la vida universitaria

A partir de su ingreso a la Universidad de Panamá, Pali se vio enfrentado a retos mayúsculos con tal de sobrellevar las exigencias académicas y las laborales al mismo tiempo. El señor Víctor Salazar, si bien es cierto mostraba un cariño especial por Pali y por todo lo que implicaba para él hacerse de una carrera universitaria, nunca tuvo la iniciativa de darle los derechos que por ley le correspondían, entre esos la partida correspondiente al décimo tercer mes que se pagaba tres veces al año; tampoco nunca tuvo derecho a vacaciones, ni en tiempo ni en dinero, pero el muchacho tenía plena conciencia de que para mantenerse en la universidad debía conservar su trabajo.

Hay que señalar también que, por los méritos obtenidos al salir de la Escuela Nocturna, pudo mantener la beca, que ahora en la Universidad subía a ciento veinte dólares cada tres meses. Y sus amistades seguían respaldándolo, como La Chica, y su nuevo Ángel de la Guarda, Nannette, quien se convirtió en un verdadero apoyo, al grado de que cuando Pali quería preocuparse por la compra de un libro o de un folleto, esta jovencita le facilitaba la copia para que pudiera prepararse en cada materia.

De igual manera, cuando requería palabras de aliento, por encontrarse desalentado, siempre mantenía el recuerdo intacto de su tío Julio y sus consejos.

¡Y qué bueno era contar con el aprecio del señor Chabelo, o con el de Marcos, su hijo menor, con quien desarrolló una gran amistad, siendo este joven era de su misma edad, y que en las vacaciones de medio año y el fin de año trabajaba igual que él en la Abarrotería y Bodega 5 de Noviembre.

La vida de Pali continuaba, entre trabajar y estudiar mucho. Como no contaba con tiempo libre, debía aprovechar los breves espacios entre clientes para pararse en una esquina de la abarrotería, donde existía una especie de barrera de protección sobre la que se picaba el rabito de puerco salado y el bacalao para la venta, y donde el guardaba el material de estudio durante las épocas de exámenes o el día antes de las pruebas parciales.

Cuando acababa sus labores a las diez y media de la noche, debía prepararse algo de comer y hacer "palomas" (lavar la ropa que usaría al día siguiente), porque con el salario que ganaba, de ciento cincuenta balboas al mes, su ropero no daba muchas alternativas. En esos días el pasaje para ir a la universidad era de sesenta y cinco centavos para ir y sesenta y cinco centavos para volver, cincuenta centavos para hacerse de una comida básica en la cafetería "Los Tiburones" de la Facultad de Derecho, un balboa para gastos misceláneos, lo que gastaba en cenar, a veces en la lavandería y comprar el material didáctico (en ocasiones, consumido por la vergüenza, se veía en la obligación de advertirle a Nannette que no era necesario que le comprara o copiara el folleto, porque ya él lo había hecho).

Bajo estas condiciones, y con todas esas dificultades, Pali alcanzó el segundo año de la carrera de Derecho, con calificaciones notables, al grado de que sus compañeros más cercanos pensaban que se trataba de un joven de papá y mamá, con todas las de la ley, y con todas las facilidades para lograr tal avance.

Pali, siente la seguridad de poder volver a Carabaluca

El hecho de que durante tanto tiempo Pali hubiese optado por no ir a su pueblo natal, en nada tenía que ver con su deseo. Era lo que más deseaba: visitar al tío Julio, esa persona a la cual le debía íntegramente esa capacidad de lucha, de nunca darse por vencido, y a otras personas a quienes lo ataban sentimientos imborrables.

A él lo intrigaba sobremanera que durante todo el tiempo que estuvo alejado de Carabaluca, su tío Julio, no hubiera realizado esfuerzo alguno para saber de él, aparte de los que realizara al principio. Entonces era muy importante saber no solo de su tío Julio, sino además darse cuenta de cuál era la razón por la cual no sabía de él en algo más de dos años.

Sin embargo, no era hora de hacerse reproches; ahora lo importante era que iba en uno de los pequeños camioncitos destinados a hacer las veces de autobuses en toda la Costa Abajo. Estaba en camino para encontrarse con el tío Julio, y con muchos recuerdos, lugares y amigos de su pueblo natal.

Puso pie en la estación de autobuses de la población, nuevamente después de tanto tiempo, y tomó camino hacia la casa del tío Julio, consciente de que la casa de la familia Negro ya no era su casa, y que, por ser sábado, existía la posibilidad de encontrarse con Jonás antes que con su tío.

Pali se reencuentra con el tío Julio Negro

En la puerta de la casa de la familia Negro, Pali sintió una alegría sin igual; un momento de aquellos en que uno, como humano, como persona de sentimientos centrados, no cambia ni por todo el oro del mundo. De inmediato pudo percibir que él se encontraba en casa, su corazón palpitaba de una manera anormal al ver al tío Julio, acercándose hacia el sector del fogón.

Cuando el hombre se percató de su presencia, de inmediato se acercó a él y lo abrazó con fuerza, y ambos permanecieron así, entrelazados por un largo rato. Ninguno de los dos pronunciaba palabra alguna, solo se apretaban y lloraban juntos.

Fue el tío Julio quien rompió el hielo: "Pali, ¡pero qué bien te ves! ¡Cuéntame!", Pali respondió: "Tío, no tienes idea de cuánto te quiero y cuánto te extrañe, a ti y a tus palabras", y se volvieron a dar otro fuerte abrazo, mientras el tío Julio le decía: "Tampoco tienes idea de lo mucho que te he extrañado y de cuánto te amo, pero es necesario hacer como las aves, que después de un tiempo dejan a sus pichones volar solos, con el ánimo de que fortalezcan sus alas y tengan seguridad de su vuelo. Y debías aprender a volar solo, a tomar tus propias decisiones solo, aun cuando en algunas ocasiones no sean las más apropiadas".

Entonces Pali comprendió el porqué el tío Julio Negro no realizó gestión alguna para ir a verle, ni propició un encuentro.

Una nueva conversación con el tío Julio después de largo tiempo

El tío Julio le hizo saber que siempre preguntaba por él, y que todo lo que escuchaba era bueno desde el punto de vista de su comportamiento, aun cuando tenía que aceptar que sabía que vivió y que vive situaciones muy difíciles, producto de la escasez de recursos, pero que a la vez eso era bueno, porque no hay nada que los seres humanos apreciemos más que las cosas difíciles de conseguir.

"Yo soy fiel testigo de que la vida a ti nunca te ha tratado con amabilidad, soy fiel testigo de que tu corta vida ha sido una verdadera y tenaz lucha, pero también puedo dar fe y ser tu testigo, de que a pesar de las adversidades has sabido aceptar la vida y lo que en ella nuestro Dios te ha hecho vivir y enfrentar, con verdadera entereza y rectitud. De verás, te admiro y te respeto, quiero que sepas que te has convertido en mi verdadero orgullo, no me habría podido pasar mejor cosa que el haber convivido contigo. Ahora, estoy seguro de que no cometí un error cuando te di el título de "hombre de verdad", cuando aún no eras más que un niño".

"Tío, mereces todo esto y mucho más, no tienes idea de cuánto me has hecho bien, sin estar presente y sin estar conviviendo contigo, he aprendido a verte enfrente, sin estar, y lo que es mejor: he aprendido a oírte todos y cada uno de tus múltiples, buenos y edificantes consejos, como casi siempre ocurre cuando estoy frente a una situación de dificultad, o ante una decisión de relevancia. Pero, tío, en realidad no deberías estar tan orgulloso, aún no he logrado nada, aún no he culminado la universidad, y en consecuencia no he cumplido mi promesa. Sin embargo, juro ante tu Dios que cumpliré mi promesa, primero Dios, así sea lo último que haga en la vida".

Ambos sin decir palabras se volvieron a abrazar.

Situaciones que se dieron durante la visita a Carabaluca

Pali quedó con un poco de tiempo libre para recorrer viejos parajes, tales como la playa, las riberas del río Lagarto y "La Noria", pozo en donde los habitantes de aquel pueblo obtenían el agua necesaria para la realización de sus quehaceres.

Luego de la visita, decidió pasar por los terrenos de la vieja y pequeña casita en donde la familia Desgracia viviera durante muchos años. Allí pudo recordar con claridad a cada uno de los miembros de su familia, de su gran familia biológica, su madre Agustina Angustia, sus hermanos, Juancho, Melanio, Artemisa, su única y añorada hermana; Fausto y Zafiro; por último a su señor padre Justo Desgracia, quien nunca les dispensó a ninguno de ellos el amor de padre, el que él recibiera de parte de su tío Julio. Ahora podía constatar cuán creador y forjador del carácter puede ser un amor así, y sintió no solo lástima y tristeza por su padre biológico, sino también mucha tristeza por cada uno de sus hermanos, puesto que era una lástima que cada uno de ellos no se hubiese encontrado con un ser humano de un alma tan grande y limpia como era el tío Julio Negro.

En ese momento, también tuvo el tiempo necesario para darse cuenta de qué tan bueno era ese Dios, que no solo le permitió crecer y vivir a lo largo de una etapa difícil, sino que lo dejó sentirse un hombre de bien y dispuesto a hacer el bien, gracias a los buenos y permanentes consejos recibidos de su tío Julio.

En su recorrido por los diferentes lugares y parajes del pueblo se encontró con sus primos, los hijos del tío Kakaka, quienes de inmediato comenzaron a indagarle que en dónde estuvo y haciendo qué. Les contó que las cosas no fueron fáciles, pero que a pesar de todo, una vez terminaran las vacaciones ingresaría al tercer año de la carrera de Derecho. Ambos le hicieron saber que los tomaba por tontos, pues sus hermanos mayores, Tomás y Andrés, iniciaron esa carrera con el apoyo de sus padres, y no pudieron proseguirla, y él pretendía que le creyeran que, sin ayuda de nadie y sin dinero, podía haber llegado al tercer año.

Se sintió desilusionado de sus primos y amigos de siempre, puesto que ellos sabían que él no era un mentiroso y, menos en un tema tan serio que no solo involucraba una promesa sino un proyecto de vida, pero para qué agotarse en una cosa que no entenderían.

Y recordó que ellos se equivocaban, porque no estaba solo, tenía de su parte a su tío Julio, y a amigos entre los que podía señalar a muchos choferes de la línea de Autobuses Colón–Panamá, que le fiaban cuando no tenía dinero para los pasajes hacia la universidad, y además contaba con el apoyo incondicional del Dios.

.

CAPÍTULO 19

Pali vuelve a la ciudad de Colón

"El soñar, no es malo, pero es necesario que cada ser humano tenga plena conciencia de que soñar sin accionar, siempre ha de quedar en ello, en un sueño y nada más".

JOSÉ DE LA ROSA LAM N.

Finalizado el fin de semana elegido por Pali para ir a la población de sus amores, se dio cuenta de que ya no era dueño de una vida propia en aquella población. Luego de casi tres años había dejado de ser importante en la vida y en las actividades cotidianas de su pueblo, y lo que era peor, estuvo todo el fin de semana en el pueblo y no sintió deseos de ir en busca de su padre biológico, Justo Desgracia, y tampoco tuvo alguna noticia suya, pese a que tenía la certeza de que él se enteró de su presencia en el pueblo.

Sin embargo, todas estas cosas lejos de amedrentarlo, lo que hacían era fortalecer su fuero interno. Pali ahora deseaba, con todas las fuerzas de su ser, hacer las cosas de buena manera, aun cuando para lograrlo pusiera en medio su salud, puesto que el ritmo de vida que experimentaba entonces le imponía muchos sacrificios.

Luego de buscar, pudo lograr un cuarto bastante cómodo con la ayuda de un amigo de sus tiempos como estudiante de la Escuela Nocturna Oficial de Colón, de apellido Blanford, al que todos llamaban "Bany". Era mayor que Pali, pero lo estimaba porque sabía de las vicisitudes que afrontaba Pali, y admiraba el que nunca le hubiese escuchado quejarse.

En cuanto pudo tomar posesión de una casa que le dejó como herencia una tía, en Colón, Bany decidió por cuenta e iniciativa propia dejarle a Pali el pequeño cuarto con tabanco en donde vivía en la Calle 8 y Avenida Bolívar a Pali, quien se llenó de regocijo, en verdad necesitaba de un mejor lugar para vivir, como consecuencia del ritmo tan pesado de vida que enfrentaba día a día.

Pali se acomoda en su nuevo cuarto

Apenas se mudó a aquel lugar, ubicado en la Calle 8 y Avenida Bolívar, Pali empezó a frecuentar a su hermana Artemisa, la única hermana biológica que en realidad tenía. Pensó que era un buen momento para retomar y fortalecer ese lazo familiar que quedó a un lado desde su niñez.

Ahora, cuando menos tenía un trabajo, muy difícil, pero era un trabajo que le permitía con muchas limitaciones hacer frente a sus necesidades básicas. Consideró que ya no era necesario privarse de la oportunidad de reanudar esa relación con su hermana.

Pali llegó al final del parque Sucre, en donde vivía su hermana Artemisa con la señora Francisca Puello, a quien todos conocían como "la señora Kika", para quien su hermana trabajaba. Al tocar el timbre, fue su propia hermana quien acudió a la puerta, y cuando se percató de que se trataba de Pali dejó escapar un grito de emoción, le dio un fuerte abrazo, diciendo: "Mi hermano, mi hermano", y así permanecieron juntos por unos minutos que a Pali le parecieron agradables.

Todo fue risas y buenos momentos, y le brindaron una buena comida. Fue muy reconfortante darse cuenta de que entre la señora Kika y su hermana se daba una relación parecida a la que sostienen una madre y su hija, en vez de una relación entre la señora de la casa y su empleada.

Ella le hizo saber que podía venir a verle las veces que quisiera y, en el momento que quisiera, y si tenía alguna necesidad de algo que no se preocupara, que se lo hiciera saber.

Este fue un compás muy positivo; el muchacho ahora tenía un espacio diferente, una válvula de escape hacia donde ir cuando se veía presionado y afligido por algunas cosas desagradables de la vida.

La vida universitaria y la vida de Pali continúan

Con las dificultades de siempre y lo apretado de su horario, Pali siguió asistiendo a la Universidad de Panamá, en donde pese a todo el trabajo al que debe hacer frente sus calificaciones son buenas, manteniéndose entre las tres mejores de su grupo.

Muchos de sus compañeros de salón, sus más cercanos amigos entre ellos Sami, Jimmy López, Samaniego, Arturo "El Campeón", Calvo, y otros, no podían creer que enfrentaba todos los problemas que decía, y obtener así tan buenas calificaciones. Desde luego era difícil de creer porque ellos, a excepción de "El Campeón", eran hijos de papá y mamá, y su única obligación real era estudiar.

Cuando los veía dudar, les contestaba: "Lo que ocurre es que yo solo cuento con medio strike, porque tengo dos strikes y un tip, no olviden que soy negrito, feo, pobre pero, cristiano. Entonces solo cuento con medio strike para batear de hit", lo que todos acogían con una gran carcajada, pensando que eran gracias de Pali, hasta que a uno de ellos, Sami Jiménez le dio por proponer un paseo a la ciudad de Colón, para darse cuenta si lo que se contaba de Pali era o no cierto.

Se concreta la visita por parte de los compañeros de Pali

Una vez en Colón, los amigos del grupo de Pali tomaron rumbo a la Abarrotería y Bodega 5 de Noviembre; allí fueron atendidos por el mismo dueño, el señor Víctor Manuel Salazar, quien con lujo de detalle les hizo una reseña rápida de la vida de este joven, sin negar ninguna de las muchas dificultades que enfrentaba.

Todos escucharon atentos y en un silencio sepulcral las palabras que salían de la boca del señor Víctor Manuel Salazar, palabras que confirmaban todos los cuentos de Pali, un compañero que, a pesar de todo lo escuchado, ostentaba uno de los mejores promedios del grupo. Lo que más los asombró fue el hecho de que nunca, desde que lo conocían, le oyeron quejarse o renegar de esa vida, amparándose en su lema: "Yo tengo dos strikes y un tip".

Los amigos de Pali y su comportamiento después de conocer la realidad

Los amigos de Pali pudieron percibir así, de manera directa, lo que representaba para su amigo poder asistir a la universidad y cuánto y cómo tenía que enfrentar la vida. Por esa razón, desde entonces cada uno de ellos dejó de hacerle la mofa de siempre, como el apodo "El Permanente" que le adjudicaron, por el hecho de que Pali todos los días asistía a la universidad con la misma ropa.

Además, todos empezaron a manifestarle con mayor énfasis su aprecio, respeto y admiración, pues no era fácil enfrentar y cumplir tantas responsabilidades y no solo ser uno de los primeros de su salón, sino de los dos salones de tercer año de Derecho. A juicio de sus compañeros, era necesario tomarse a Pali en serio y, por lo menos, profesarle respeto y mucha admiración.

Los compañeros animan a Pali a participar en una gran fiesta

Al finalizar el tercer año de Derecho, todos los compañeros de Pali propusieron realizar una gran fiesta para despedir el año, consistente en un baile que se realizaría en una de las discotecas de la ciudad, la "Discoteca 2000", ubicada en la Vía Brasil.

Pali escuchó que era muy bonita y de gran tamaño, pero él no conocía ni esa ni ninguna. No eran cosas que estaban dentro de su escuálido presupuesto pero los amigos lo entusiasmaron tanto que, en verdad, nacieron en él las ganas de asistir, por primera vez, a una de las fiestas de fin de año a las que acostumbraban acudir sus compañeros.

Para Pali, asistir significaba un verdadero sacrificio, pues implicaba que debía salirse de su presupuesto mensual. Necesitaría comprar ropa nueva y decente, puesto que no se iba a presentar con "el permanente", además que era un evento donde todos sus compañeros irían de gala, y nada que decir de las lindas compañeras de clases, como Díaz, Pinzón, Pabón, Samudio y Recuero. Se propuso entonces pedirle un vale al señor Víctor Salazar, un vale por la suma de diez balboas.

Cuando salió de la universidad, contaba con la tarde libre para poder acudir a la Avenida Central y hacerse de la ropa necesaria: un pantalón, un suéter o una camisa, unos zapatos o zapatillas, y pronto se dio cuenta de que el vale de diez balboas era poco. Para sorpresa de todos, incluso de él mismo, una vez más demostró que era un chico de recursos: escogió la muda de ropa en los cajetones de ropa de remate que existen en todas las tiendas. Además, se encontró "un ángel" en una señora de uno de los almacenes, quien se compadeció de él y lo ayudó a conseguir un pantalón gris con rayas chocolates diminutas, que le costó tres balboas, un suéter celeste con una franja amarilla a cada lado y una franja blanca alrededor del cuello, que le costó dos balboas, con cincuenta centavos y, por último, una zapatillas bajitas, color crema, que adquirió a precio de empleado.

Pali acude a la fiesta, llegó el gran día

Pali sentía para esta fiesta un entusiasmo especial por asistir; se había tomado la previsión de dar aviso al señor Víctor Manuel Salazar, su jefe y propietario de la Abarrotería y Bodega 5 de Noviembre para que ese día se lo diese libre.

Sus amigos le habían hablado tanto de la "Discoteca 2000" que llegaron a despertar su deseo de conocerla.

El día de la fiesta, Pali se dio una ducha e inmediatamente se alistó. Se mostraba tan contento que todo el que le veía se daba cuenta de que estaban en presencia de un joven que se dirigía a un evento muy especial; la felicidad, después de tanto tiempo, se le podía notar a flor de piel.

En la "Discoteca 2000" no podía disimular su asombro: ¡qué lugar tan bonito! Muchas luces de todos los colores, gran ruido de todas las clases, producto de una música llamada "Rock and Roll", que desde luego, para Pali era desconocida; estaba más familiarizado con la música de los bailes típicos que se celebraban los 24 de junio de cada año en su pueblo, en ocasión de las fiestas de San Juan Bautista, el santo patrono. También conocía algo de los bailes y tonadas "congos" que cada año se celebraban en su pueblo en ocasión de las fiestas del Carnaval, pero aquella música no tenía nada que ver con la que él estaba acostumbrado a escuchar, y ni siquiera se parecía a la que se oía en la radio que permanecía en la abarrotería y bodega, cuando entre carrera y carrera de caballos se ponía música.

Pali seguía casi en trance en aquel lugar, por lo que algunos de sus amigos más cercanos, como Sami y Arturo, creyeron que le estaba sucediendo algo, por lo que se le acercaron y se dieron cuenta de se trataba de la reacción de su compañero ante la primera vez que pisaba una discoteca.

No quisieron perturbar a un amigo por el cual se sentía admiración y respeto, en un momento como este en que se reflejaba claramente en su rostro la emoción y felicidad que estaba experimentando. Así que se esmeraron porque siguiera disfrutando de aquella noche tan especial.

Y en realidad sí fue una noche fue para Pali, porque se divirtió como nunca antes, y hasta logró olvidar los sinsabores de su existencia, enfrentados solo, en la que a la vez no encontraba nada de qué arrepentirse y en la que pensaba que, a pesar de todo, pudo contar en ciertos momentos con personas como Agustina Dolores, su madre; Julio Negro, su tío; Mamatita, Chiquitina, Petra, Fula la tía, Purí el amigo, Chabelo, o Nannette su compañera especial de clases. Y, como si fuera poco, con su Dios.

Pero en ese momento era un hombre verdaderamente feliz, a pesar de contar solo con los sesenta y cinco centavos de balboa que eran su pasaje de regreso. Ahora era feliz, tomando las cervezas que quería en compañía de mucha gente. Por primera vez estaba celebrando un logro con alguien, no como lo hacía siempre, solo: "¡Qué felicidad, Dios mío; ojala de ahora en adelante siempre los días puedan ser así".

A pesar de todo, en lo más profundo de su corazón, Pali, sabía que aquello no era la vida real.

CAPÍTULO 20

Pali termina su tercer año de Derecho

BERNARDETTE

Pali, con todas las dificultades económicas, logró terminar el tercer año de la carrera de Derecho. El más alegre y orgulloso de todos era el tío Julio, cuando se enteró de que Pali pasaba el tercer año en una universidad caracterizada por no regalar nada, y se sintió muy halagado por no haberse equivocado al confiar en Pali. Ahora, más que nunca, siente que es muy posible que Pali llegue a realizar lo que él siempre quiso para sus hijos o, por lo menos, para uno de ellos, pero en todo esto existía una gran verdad: el triunfo de Pali en cualquier terreno era su propio triunfo.

Por esa razón, creyó necesario hacerle llegar una carta, con un hombre del pueblo al que se conocía con el apode de "El Ñato", conductor de uno de los vehículos que transportaban personas desde Colón a Carabaluca.

La carta le fue entregada a Pali, mientras barría la parte de enfrente de la Abarrotería y Bodega 5 de Noviembre, un día martes del mes de enero de 1985. La nota, en su parte medular, decía lo siguiente: "Hoy eres mejor que ayer por muchas razones, principalmente porque eres más grande, más fuerte, más inteligente, cuentas con mayor preparación, pero tu mayor grandeza radica en que eres un hombre de bien, identificado con el Dios de la vida, que todo lo puede. Porque cuentas con una fortaleza interior que estoy seguro ninguna barrera ni dificultad podrá doblegar. Hoy, al igual que ayer, confío en ti, y estoy seguro de que al igual que ayer y hoy, en el futuro nunca me defraudarás. Cuídate, mi querido hijo".

Algunas veces, las personas necesitan mucho dinero y muchas cosas materiales para continuar y hacer las cosas bien; sin embargo, en ese momento, aquella carta fue como haber recibido todo el dinero del mundo y todo el valor y la fortaleza necesaria para seguir. Parecía que el tío Julio, siempre, todas las veces, sabía qué hacer y cómo hacer para mantener a aquel muchacho en lo más alto de su autoestima y estado de ánimo para continuar enfrentando cada una de las dificultades y difíciles vivencias.

Esta carta motivó tanto a Pali, que decidió buscar un trabajo que tuviese relación con la carrera de Derecho; así, una vez graduado, tendría conocimientos prácticos en la materia, y lograría ser un abogado de éxito para seguir agradando a ese Ángel de la Guarda, su verdadero padre, el tío Julio.

Pali opta por una vacante anunciada en un diario

Cuando Pali culminó su tercer año, aspiraba a un trabajo que le permitiera familiarizarse con la carrera del Derecho; un día, mientras leía los anuncios de un diario, se percató de un anuncio que llamó su atención de inmediato: "Se necesita pasante para firma de abogados, preferiblemente con residencia en la ciudad de Colón, enviar su currículo a la siguiente dirección" y marcaba un apartado postal que guardaba relación con el barrio de Cristóbal, en la ciudad de Colón.

De inmediato recortó el anuncio y decidió mandar su hoja de vida. Estaba decidido a procurar un trabajo relacionado con la carrera que estudiaba. Se sentó frente a una máquina de escribir que le prestó un amigo llamado Correa, a quien le decían

"Tigua", un hombre bajito que siempre vestía de blanco con un sombrero crema, y con quien mantenía una buena amistad; Correa lo ayudó también en la preparación de su hoja de vida, en la que no tenía mucho que decir, excepto que trabajaba como abarrotero y tenía un tercer año en la Facultad de Derecho y Ciencias Políticas de la Universidad de Panamá.

Hizo llegar la carta a la estafeta de correos, dirigida al apartado postal que indicaba el diario. Para Pali era la primera vez que hacía una solicitud para un trabajo que guardaba relación con su futura carrera.

Pali tenía la esperanza de ser llamado para la entrevista. El señor Correa le dijo que si la hoja de vida era considerada, iba a ser llamado para una entrevista, que ese era el siguiente paso. Por tal razón, todos los días preguntaba al señor Salazar, su jefe, si no había recibido ninguna llamada, porque le hizo saber a su jefe sobre aquella solicitud realizada, y que estaba esperando a ser llamado para la entrevista, siempre y cuando Dios metiera su mano.

Sentía un poco de cansancio y mucha rutina, además de estar enfrentando algunos problemas con los sobrinos del señor Víctor, cuando venían a pasear algunos fines de semanas desde la capital. Trascurrieron dos a tres semanas, hasta que Pali llegó a pensar que ya no lo llamarían. Una tarde sonó el teléfono, por coincidencia fue él quien contestó. Eran alrededor de las tres de la tarde de un 28 de junio de 1985, y una chica le hacía saber que el próximo lunes debía presentarse a las oficinas de la firma de abogados Luke, Corona & Asociados, ubicada en la Calle 9 y Avenida Del Frente de la ciudad de Colón, para una entrevista de trabajo.

Se puso feliz. Pensaba que era una gran suerte que lo llamaran para esa anhelada entrevista. Se lo hizo saber al señor Víctor y a su amigo el señor Correa y, desde luego, a Chabelo, su fiel compañero de trabajo quien se alegró mucho por aquella buena noticia; ya era tiempo de que la suerte de aquel muchacho fuera cambiando, así se lo comentó al señor Víctor a quien, desde luego, la idea no le era del todo buena, porque significaba perder a un joven y buen trabajador.

Llegó el lunes, día de la entrevista, que se realizó en la dirección indicada, en el último de los tres pisos del edificio. En la parte posterior existía un gran ventanal que dejaba ver una vista espectacular hacia el mar Caribe. Eso, desde luego, le pareció a Pali muy bonito; ¡qué bueno sería tener sus primeras experiencias de la carrera en aquel lugar! Pero de inmediato se dio cuenta de que no sería fácil, al ver a otros muchachos de su edad que también optaban por aquel cargo de pasante o asistente Legal.

Eso no le preocupó, en realidad; era parte del negocio; de seguro que no era el único que leyó el anuncio y mandó su hoja de vida, pero a fin de cuentas, que fuera la voluntad de Dios; eso fue lo primero que le vino a su cabeza, en aquel momento, y fueron pasando los minutos, hasta que le llegó el turno de la entrevista.

El entrevistador era con un hombre joven y grande, de piel blanca y contextura robusta, un tanto gordo, de personalidad fuerte y con poco tacto al hablar. Una vez lo tuvo en frente, ni siquiera lo miró, puesto que estaba ocupado entre papeles, tratando de ubicar la hoja de vida de Pali entre muchas otras.

La entrevista de trabajo de Pali

El hombre se le presentó como el licenciado Carlos Corona Bula; le preguntó su nombre y él, con la tranquilidad y seguridad de siempre, le hizo saber que se llamaba Pali Desgracia Dolores; lo que desde luego le causó extrañeza al entrevistador, por tratarse no solo de un nombre poco común, sino que también estaba frente a apellidos de la misma naturaleza, y que por casualidad entrañaban situaciones no deseadas en su significación.

El entrevistador, a quien apodaban "Lucho", seguía con el desarrollo de la entrevista, preguntándole qué experiencia tenía como pasante o asistente de abogados. Pali, sin reparos contestó que estaba a punto de iniciar el cuarto año de la carrera de Derecho, pero experiencia práctica no tenía ninguna.

Ante su respuesta, el entrevistador, de manera inmediata, le inquirió cómo era que pretendía el trabajo. Pali argumentó que dado que no tenía experiencia de ninguna clase, necesitaba adquirirla cuanto antes; además, recordó que en su hoja de vida, la primera que hacía, no decía por ninguna parte que hubiese tenido experiencia práctica en el campo del Derecho, pero sí mucha experiencia en los quehaceres de una abarrotería y bodega ubicada en la calle 5 y la avenida Amador de esa ciudad.

"Entonces, tendrás que aceptar que no tienes nada que ofrecerme", advirtió el licenciado Corona Bula. Pali tomó aire y respondió con toda tranquilidad: "Eso depende de cómo usted lo vea, porque si bien es cierto que no tengo experiencia en el campo del Derecho, no puede dejar de aceptar que mis calificaciones hasta aquí en la carrera son buenas, por otro lado, el haber permanecido trabajando en una abarrotería y bodega por tanto tiempo atendiendo gente y manipulando dinero ajeno, implica que soy gente decente y honesta; finalmente como dice mi tío Julio, más puede quien quiere, que quien puede, y si hay algo que me sobra, son deseos de trabajar y sobre todo de trabajar bien".

El licenciado Corona Bula, no muy entusiasmado, le dijo; "Pero eso no quita que no sabes nada en el plano objetivo y práctico del Derecho; además de que no quiero una persona que me cueste enseñarle, necesito una persona que sepa el trabajo y supla mis necesidades".

En lo interno, a Pali no le gustaba lo que estaba oyendo, y menos en la forma frontal y tosca que se lo estaban diciendo pero en toda aquella conversación existía algo que le gustaba del licenciado Corona Bula: le estaba siendo muy sincero, y además, no estaba diciendo nada que no fuera cierto, así que optó por no poner a la conversación más argumentaciones a su favor, después de todo, "Don Lucho" sabía qué andaba buscando, y Pali estaba lejos del perfil de esa búsqueda "¿Para qué seguir perdiendo el tiempo?", se preguntaba para sus adentros.

Luego de ciertos instantes de silencio, el licenciado Corona Bula le preguntó: "¿Después de todo, cuáles son tus aspiraciones salariales?" Pali, de inmediato, le señaló: "No puedo ganar ni aunque quiera, menos de ciento cincuenta balboas al mes". "Pero tengo que enseñarte, además vas a trabajar media jornada, y encima de ello, pretendes que te pague lo que representa el salario mínimo establecido para el área en un mes de trabajo de jornada completa. De seguro que no es posible pagarte eso".

Pali, sin pronunciar palabra, se puso de pie y comenzó a dirigirse a la puerta de salida, pero para su sorpresa, el licenciado Corona Bula le preguntó: "Pero, ¿a dónde vas dejándome con la palabra en la boca? Es una falta de cortesía, ¿no te parece?".

"Perdone, licenciado, tiene razón, no era mi intención faltarle el respeto o portarme de manera no cortés. Es solo que no quería seguirle haciendo perder su tiempo ni mi tiempo, después de todo usted ha dicho claramente que no puede pagar ciento cincuenta balboas mensuales y yo no puedo trabajar, aunque quiera, le repito, por menos; de allí que pienso que no tenemos nada mas de qué hablar, ni por qué continuar con esta conversación".

El licenciado Corona tenía una cara de desconcierto, pero aun así el más desconcertado al final de la conversación fue Pali, pues el licenciado Corona Bula le dijo: "El trabajo es tuyo, te espero el lunes a primeras horas de la tarde y tu salario, a pesar de que trabajarás media jornada, será de ciento cincuenta balboas".Y no se habló más, excepto las palabras propias de una fría despedida.

Pali, combina los trabajos de estudiante, abarrotero y pasante.

El día lunes de aquella semana de julio de 1985, Pali se veía haciendo una variedad de actividades insospechadas, pues ahora no solo era el estudiante de cuarto año de la carrera de Derecho, sino que tenía que trasladarse a la firma de abogados Luke, Corona & Asociados para cumplir con el horario de 2 de la tarde hasta la 5 de la tarde de lunes a viernes; además, una vez terminaba con las labores en la firma de abogados, tenía que correr a la Abarrotería y Bodega 5 de Noviembre, para hacer frente a sus obligaciones de buen abarrotero.

Su día era más complicado, pero solamente lo movía el deseo de hacerse de una carrera universitaria y de paso cumplir con la promesa que desde muy niño había hecho a su tío Julio Negro. Su día iniciaba a las cuatro de la madrugada, cuando se levantaba para asearse y estar preparado para tomar el autobús, de las cuatro y media de la madrugada para llegar a la Universidad de Panamá a las siete de la mañana.

Terminaba sus clases de Cuarto Año, tenía que correr a la parada de la Universidad, cuando contaba con el dinero para pagar el autobús, los días que no contaba con el dinero suficiente para trasladarse, entonces tenía que tomar un autobús de las rutas internas de la ciudad, que lo llevara a la piquera de los autobuses que viajaban a la ciudad de Colón, para que alguno de sus amigos, los conductores de autobuses de la línea le llevaran o le arreglaran su locomoción. Esto era una constante, casi siempre tenía problemas económicos, por estar entre la espada y la pared: cuando tenía para pagar el pasaje, no tenía para "la básica" nombre que recibían los almuerzos en la cafetería "Los Tiburones" de la Facultad de Derecho; cuando tenía para "la básica" no tenía para pagar el autobús de regreso; sin embargo, siempre había un conductor que le hacía el favor de fiarle el pasaje o de conversar con el conductor, que en ese momento salía, para que lo llevará a tiempo para trabajar en la abarrotería y bodega, o luego en la firma de abogados Luke, Corona & Asociados.

En la firma tenía que cumplir mayormente con toda la mensajería, porque a la postre se pudo dar cuenta de que un pasante o colaborador de una firma de abogados era en realidad un mensajero, con otro nombre; él recibía órdenes de todos en aquel lugar, en principio estaba a las órdenes de dos abogados Carlos Corona Bula y Julio Luke Garda, con este último el contacto era caso inexistente, con el licenciado Corona Bula era diario y Pali se pudo percatar de que tenía una forma de tratar bastante difícil, por ser tosco, con modales poco o nada refinados; pero Pali era lo suficiente maduro como para darse cuenta de que para seguir en ese lugar tenía que aguantar al licenciado Corona Bula.

En la línea de mando seguía una señora llamada Hortensia Santos, a quien todos conocían como Chencha. Esta señora, desde que Pali apareció en aquel lugar, como que se condolió, o en verdad le cayó muy bien, porque siempre le brindó su ayuda, tanto en lo emocional como en la práctica para el desarrollo de su trabajo.

Luego de Chencha venía una señora con un carácter muy parecido al del licenciado Corona Bula, llamada Concepción Almanza, a quien se le llamaba Conce, quien se mostraba hostil con Pali en los primeros días de trabajo y tenía una forma muy peculiar de darle las instrucciones para realizar los trabajos que ella le encomendaba.

La señora Chencha le decía que no hiciera mucho caso a la manera tosca de su compañera, porque ella era así, pero que en el fondo era una excelente persona.

Seguía en el orden de mando, una jovencita de nombre Margarita Maxwell, joven en verdad; era la secretaria de la oficina por medio de ella era que se canalizaban todas las correspondencias y se le entregaba a Pali el trabajo de mensajería, "Señor Pali, hoy debe ir a la notaría, al juzgado primero, y segundo, además que a la oficina de ingresos y al Idaan", señalaba la señorita.

Además de Pali, otro señor hacía los trabajos de mensajería en la ciudad de Panamá, llamado Omar Barriga, quien una vez que Pali llegó a la firma, lo adoptó sin reparos como su compañero de trabajo y le hizo saber que podía contar con él para cualquier cosa que se le ofreciera; le indicaba a Pali los diferentes lugares para dejar las correspondencias, llevar y traer documentos de diferente naturaleza de los juzgados, fiscalías, notarías, y oficinas de gobierno.

Saliendo de ese ajetreo de la mensajería, después de caminar y caminar; Pali tenía que correr para presentarse a la Abarrotería y Bodega 5 de Noviembre, donde seguía dando muestras de buen trabajo.

Pasado un tiempo, Pali fue ganándose el respeto y la amistad de todos y cada uno de los que trabajaban en la firma forense, a pesar de ser el de más bajo nivel en la jerarquía; hasta la secretaria de menor rango, Margarita, le daba órdenes; pero él jamás puso una mala cara, tenía una determinación clara y fija, únicamente, en aprender cada trabajo y en cumplir cada orden que se le daba al pie de la letra; no importaba quién daba esa orden, ni de quién procedía, además tenía que enfrentarse a caracteres como los de la señora Conce, y el del licenciado Carlos Corona Bula.

Todos habían llegado a apreciar y a respetar a aquel muchacho que daba clara muestra de responsabilidad y de determinación; y lo más importante era que realizaba el trabajo encomendado con diligencia y eficacia.

A todas luces ya era un excelente mensajero, con una capacidad de realizar una enorme cantidad de trabajo en muy poco tiempo, de él nunca se escuchaba un "no puedo", por el contrario, siempre decía "claro, puedo intentarlo" y ese intento por lo general terminaba en la realización de lo encomendado en tiempo récord y con muy buenos resultados.

Fue así, como logró que el licenciado Carlos Corona Bula pusiera su atención en él y se dispusiera a separarlo de su trabajo, que era eminentemente de mensajería, y le fuera asignando otras responsabilidades, ya más relacionadas con el Derecho y su práctica. Asignaciones, por ejemplo, para que redactara una demanda, o un escrito de pruebas sobre un caso concreto o un recurso de reconsideración o de apelación; eso, lejos de alivianar y facilitar las cosas en la firma, le creó ciertos inconvenientes, porque los demás empleados empezaron a creer que las prerrogativas de las que era objeto Pali, al no mandarlo regularmente a "patear" calle, y dejarlo redactando documentos y escritos en la oficina, tenían algo que ver con que él realizaba funciones de espionaje para el licenciado Corona Bula con relación al comportamiento de los demás; a excepción de Chencha, todo el resto pensaba de esa manera.

Lejos de todo, el licenciado Corona Bula le exigía al máximo y muchas veces hasta lo humillaba al tomar sus escritos y proyectos de demanda y, sin ningún reparo ni tacto, ponía en ellos inscripciones a pluma y en rojo, luego de que Pali hubiese realizado el mejor de sus esfuerzos. Frases como: "¿De dónde has sacado esto?"; "Eso no está en la ley"; "¿Qué estás haciendo en la universidad?"; "¿Qué invento es este?"; "Ahora, ¿qué mosca te picó?", eran frases que no le gustaban a Pali, pero lejos de desanimarlo lo que lograba el licenciado Corona Bula, con sus frases ofensivas y malsonantes para un "pichón de abogados", era convertirlas en estímulo y una motivación adicional a la que ya representaba el tío Julio.

Pali hacía "de tripas corazones" y se decía: "Alguna vez en la vida, cada uno de los documentos que salgan de esta oficina, tendrán que ser revisados por mí, mi querido Dios, no me dejes solo en esta nueva encrucijada, no permitas que me rinda, Señor".

Así, con todos los problemas que se le sumaban a Pali en las oficinas de la firma Luke, Corona & Asociados, con la mayoría de los compañeros, y las presiones que sobre él descargaba el licenciado Corona Bula con las duras y ofensivas críticas sobre los trabajos que entregaba Pali, no dejaba de darle más y más responsabilidades.

También tenía que cumplir con su trabajo en la Abarrotería, y como si fuera poco, tenía que hacer algo para comer además sus quehaceres relacionados con su calidad de estudiante del Cuarto Año, lo que lo dejaba en un nivel de cansancio tal que, en donde se sentaba, quedaba dormido enseguida.

Pero, así y todo, nunca se quejaba, por el contrario, por todo daba gracias a su Dios, que era el mismo Dios de su madre Agustina, el mismo Dios.

Pali rebasa las expectativas del licenciado Carlos Corona Bula

Luego de algunos trabajos escritos y muchas "metidas de pata" por parte de Pali, el licenciado Corona Bula le fue tomando un aprecio y cariño especial. Al parecer, al haber hecho su balance se dio cuenta de que tenía capacidad y mucho deseo de superación y, lo que era más importante, era honrado y trabajador, lo que lo motivó a apoyarlo de manera decidida en el trabajo de oficina, labor que venía realizando prácticamente solo, porque su socio Luke pocas veces paraba en la oficina. y menos realizaba trabajos para la oficina.

El licenciado Corona Bula empezó a tratar a Pali como un amigo, más que como a un empleado; el más extrañado de toda esa actitud de cambio fue Pali, quien estaba intrigado, por la percepción que él tenía de la clase de persona que era el licenciado, quien no medía palabras para ofenderlo, tal vez de manera involuntaria, cada vez que cometía un error en la realización de un escrito.

En todo aquel tiempo que llevaba trabajando en la firma, el licenciado Corona Bula, se dirigía a él solo para tratar asuntos de trabajo y nada más, como que quería dejarle en claro que no eran iguales, y en todo ese tiempo nunca se interesó por preguntarle nada personal, ni siquiera con relación a la universidad, y mucho menos decirle algo positivo cuando realizaba un trabajo de manera correcta; en cambio cuando algo no lo hacía bien se le venía encima como una avalancha.

Pali sabía que las cosas no se estaban haciendo mal, porque se mantenía en la firma y seguía realizando trabajos de oficina para Luke, Corona & Asociados, cosa que no ocurría con su compañero de trabajo y pasante, quien estaba allí primero.

Podía percibir que el licenciado Corona Bula no era una mala persona, lo que le señalaba como malo en cada uno de sus escritos y trabajos realizados era porque en verdad estaba mal, y eso le servía para ir mejorando cada una de sus ejecutorias.

No tenía por qué tomar mal el cambio, si tomaba en cuenta que el "pichón de abogado" se hallaba cada vez más cerca de cumplir su objetivo.

La relación con el licenciado Corona Bula, el "ogro" de la oficina para la mayoría, era cada vez más amena y fluida, al grado de que todos los días, a la hora del almuerzo, lo hacían juntos, y Pali Dolores Desgracia ya no llamaba al licenciado Corona Bula con la formalidad de siempre, sino que ahora lo llamaba por su apodo "Lucho", esto era como resultado de que, contra todos los pronósticos, Pali con su trabajo y deseos de superación logró sobreponerse a sus deseos de contestar las actuaciones, algunas veces, ofensivas y alejadas de todo tacto del licenciado, hasta dar paso a una relación de trabajo de un buen nivel y una amistad verdadera y profunda; eso sí, sin confundir las cosas, el trabajo lo hacía con esmero y responsabilidad, aceptando que el licenciado Corona Bula era su jefe en el trabajo y nada más.

Pali alcanza el quinto año, último de la carrera de Derecho

Cuando Pali alcanzó el quinto año de la carrera de Derecho, le parecía mentira que hubiese llegado al último año de la licenciatura y estuviese a punto de concretar su gran sueño.

Para él, aquel gran paso lo hizo posible la existencia de un hombre, su tío Julio Negro, su Ángel de la Guarda, que por alguna razón, cuando él dejó la casa de su tío Sebo, logró de él la promesa de que nunca y bajo ninguna circunstancia negociaría el tener que dejar la escuela, y lo convenció de que la única forma de alcanzar el éxito en la vida era preparándose instruyéndose para el futuro a través de la educación; que la educación no solo era un medio de alcanzar metas y llegar al éxito, sino que era poseedora de algo mejor, como medio idóneo para cultivar y cambiar a las personas y hacerlas capaces de expresarse y darse a entender con claridad.

Además, le había enseñado a aprender a valorarse, sin importar cuál o cuáles fueran las condiciones o situaciones, porque la dignidad humana ha de ser respetada bajo toda circunstancia y que entre seres humanos no hay mejores ni peores. El tío Julio tenía una forma muy peculiar de decirlo: "Pali, has de aprender que en la vida no eres mejor que nadie, pero, tampoco nadie es mejor que tú; los seres humanos somos iguales y debemos tratarnos como iguales, aun cuando nos encontremos enfrentados a situaciones y condiciones diferentes, pues somos iguales ante los ojos de nuestro Dios"

Ahora, Pali tenía la capacidad para entender cada una de estas palabras y su justo contenido, pues se encontraba en el último año de la carrera de Derecho, y en verdad no sentía, ni se sentía superior en nada a ninguno de los demás seres humanos que trataban con él, y lo que sí tenía muy claro era que el hecho de haberse preparado profesionalmente lo convertía en un ser humano mucho más sensible y perceptivo y, en efecto, desde hacía algún tiempo sentía la necesidad de ayudar a todas y cada una de las personas que se encontraban en situaciones de dificultad.

Esto era un sentimiento que Pali no podía alejar de sí y de su manera de actuar, porque era un convencido de que todo lo logrado hasta entonces no era otra cosa que el conjunto de la voluntad y participación de mucha gente; desde luego, que algunos contribuyeron de una manera más directa y determinante para que se encontrara en esa posición, con el diploma de abogado casi en sus manos.

Algunos pusieron dinero, en calidad de préstamo o como fondo perdido, por habérselo regalado; otros por haber dado su esfuerzo apoyándolo con la consecución de los libros o folletos necesarios; otros porque lo alentaron con las palabras precisas en sus momentos de tristeza, de desconsuelo o frustración; otros, porque lo apoyaron siempre de manera decidida, como era el caso de tío Julio.

Pero al final de cuentas también tenían su cuota de participación los que mediante malas acciones y malos pensamientos le sirvieron de motivación y estímulo para superarse como ejemplo vivo, entre otros su padre y su tío Sebo.

También su trabajo en la Abarrotería y Bodega 5 de Noviembre, que a juicio de Pali lo hizo fuerte frente al trabajo físico, y que le enseñó a organizarse y a aprovechar el tiempo, permitiéndole madurar y hacerse de una tenacidad y capacidad, poco comunes para un muchacho de su edad, haciéndolo un experto en la optimización de sus recursos, pues su salario siempre fue ínfimo e invariable y con él debió subsistir.

Y Pali jamás vio, en calidad de trabajador de la Abarrotería y Bodega 5 de Noviembre, ni vacaciones, ni decimotercer mes, y mucho menos, nada que se pareciera a una bonificación; sin embargo, lejos de desanimarse todas estas situaciones, contribuyeron a hacer de él un hombre en el pleno sentido de la palabra y, no cualquier tipo de hombre, sino un "hombre de bien".

CAPÍTULO 21

Pali logra graduarse de la Facultad de Derecho

Pido a Dios todo poderoso tres cosas diariamente: que me
ayude guiándome a administrar bien el privilegio de la vida;
que me proteja y libre de la maldad ajena, y que me libre
de hacer de la maldad, mi objeto.

JOSÉ DE LA ROSA LAM N.

A pesar de todas las dificultades que se le presentaron, Pali terminó el quinto y último año de la carrera de Derecho, y lo hizo con buenas calificaciones.

Su tío Julio se enteró por boca del mismo Pali que todo lo referente a la carrera estaba cumplido, y ahora solo le quedaba pendiente la tesis de grado, pero para realizarla no tendría que madrugar todos los días,.

Pali se enfrenta a los costos de su Trabajo de Grado

El Trabajo de Grado representaba una serie de gastos que Pali debía afrontar en esa etapa. El trabajo en sí poco le preocupaba; solo debía acumular durante un mes toda la información y luego ordenar el cuerpo del trabajo. El tema lo tenía seleccionado después de haber terminado el tercer año: "El aborto terapéutico en la legislación de Panamá". Con un año de trabajo serio cumpliría con esa meta.

Luego de acudir a la revisión de notas en las oficinas administrativas universitarias, conocidas como "La Colina", y tener claro que tenía promedio general de dos punto cero nueve para un máximo de calificación de tres, podía estar muy contento, pero en verdad no lo estaba del todo. A pesar de que en la actualidad se manejada con un poco más de recursos por lo que ganaba en la firma de abogados, no era menos cierto que ese dinero adicional, casi en su totalidad, lo utilizó para ir pagando deudas que tenía con diferentes personas, entre ellas un sinnúmero de conductores de la línea Colón–Panamá. Otro de sus acreedores era la señora Francisca, la patrona de su hermana Artemisa, quien, en muchas ocasiones, cuando tenía dificultades y urgencias de dinero, le hacía préstamos, porque era pastora de una iglesia evangélica y guardaba los dineros de dicha institución.

Finalmente, a la persona a quien más le debía era al señor Víctor Manuel Salazar, el dueño de la abarrotería y bodega, por esa razón ahora no tenía dinero para enfrentar los gastos de elaboración de tesis, dado que el dinero de la beca ya había cesado.

El mismo día en que se enteró de que su revisión de calificaciones mostró un resultado fenomenal, las presentó a su jefe, el licenciado Carlos Corona Bula, quien de inmediato se dio cuenta, por la expresión de su rostro, que algo no andaba bien: "Oye, pienso que cualquiera en tu lugar estaría saltando de la felicidad, ¿qué te pasa?".

Pali, le hizo saber que ahora afrontaba dificultades para conseguir el dinero para viajar diariamente a realizar los trabajos de investigación y elaboración de la tesis, los costos de la revisión, encuadernación y empaste del texto.

La respuesta lo dejó frío: "Deja de preocuparte por esa tontería,. la oficina te cubrirá todos los gastos de la tesis". Qué felicidad para Pali, sus oídos al fin estaban oyendo música.

Pali realiza su Trabajo de Graduación

Con la promesa y seguridad de que todos los gastos de su Trabajo de Grado serían cubiertos por la firma de abogados Luke, Corona & Asociados, Pali pudo concentrarse en la necesidad de cumplir con este paso en el tiempo mínimo. Quería alcanzar pronto la meta de constituirse en un profesional a carta cabal, y abrirse paso en la vida en condiciones muy distintas a las que conoció hasta entonces.

Para este compromiso ya tenía parte del material y algunas notas elaboradas; solo tuvo que dedicarse a hacer la redacción final, bajo la supervisión de su Director de Tesis, un profesor de apellido González, que fue su docente de Derecho Penal, y quien se desempeñaba como magistrado del Tribunal Superior Penal. Así, transcurridos unos veinte días luego de iniciar la tesis, tenía prácticamente terminado el trabajo, y listo para ser evaluado y obtener el título de Licenciado en Derecho y Ciencias Políticas.

Con el trabajo escrito, revisado y empastado un mes después de haberlo iniciado, le fue señalada como fecha de sustentación el día 23 de septiembre de 1987, día en que se presentó, a las diez de la mañana, y sustentó en presencia de tres jurados, entre ellos el académico y hombre de leyes, Carlos Iván Zúñiga. Una hora después le fue notificado que contaba con los puntos necesarios para alzarse con el título de Licenciado en Derecho y Ciencias Políticas.

No se preocupó por el puntaje obtenida. Como era de costumbre en todos los actos importantes de su corta vida, nunca lo acompañaba nadie, ni tampoco tenía nadie con quien celebrar un día que debió ser de mucha felicidad. Se retiró de las instalaciones de la Facultad de Derecho, luego de la felicitación de los jurados y el personal administrativo de la facultad a un lugar apartado, y lloró, lloró amargamente, por la muerte de su querida madre Agustina, por la irresponsabilidad de su señor padre Justo, por haber tenido que separarse de sus hermanos a muy temprana edad luego de ser repartidos todos ellos como si se trataran de simples paquetes, por haber sido entregado al tío Sebo quien nunca creyó en él, por haber tenido que enfrentar los malos tratos y humillaciones de Jonás, por haber tenido que dejar a temprana edad a su querido pueblo Carabaluca y a su gente, por haber tenido que caminar todas y cada una de las calles de la ciudad de Colón buscando centavos y monedas para poder comer, por haber tenido que humillarse para solicitar que le sirvieran como acudiente personas desconocidas, por haber tenido que pedir fiados los pasajes para ir a la Universidad, por haber confrontado todo tipo de carencias al grado de no poder pagar ni "la básica" en la facultad de Derecho, por haber tenido que graduarse todas las veces solo, y no tener con quien celebrar cada uno de sus logros.

Pero también lloraba de felicidad, porque en el transcurso de todas esas calamidades conoció a personas como Simona Negro, a la señora Rosa Ortega, a Hermes Negro, a Robe Negro, a la tía Fula, a Mamatita, a la prima Petra, a "La Chica", a Víctor Salazar, a Chabelo, a Carlos Corona Bula, a cada uno y todos los conductores de autobuses de la línea Colón-Panamá, al Caballo Manso y, sobre todo, por haber conocido a su auténtico padre, el señor Julio Negro, su Ángel de la Guarda, quien siempre confió en él y lo tomó como a su hijo llegando a sentir su dolor cuando sufría y su alegría cuando era feliz, y por haberle enseñado en compañía de su madre Agustina y de Mamatita la existencia de un Dios, con quien todo es posible, aún por difícil que parezca.

Lloró porque estaba convencido de que, contando con el título de Derecho y Ciencias Políticas, ponía fin a una vida llena de dificultades y sobresaltos, a una vida llena de carencias.

Jamás olvidaría esa vida que ahora estaba seguro de que sería diferente, y que también le dejó un cúmulo de enseñanzas y experiencias que nunca olvidaría, que serían el norte para la continuación de su vida, pero bajo condiciones y situaciones muy diferentes en un futuro que, además de prometedor, estaba lleno de esperanzas.

www.ingramcontent.com/pod-product-compliance
Lightning Source LLC
Chambersburg PA
CBHW021949120726
47992CB00001B/224